D1320324

Early Poems

1947–1959

A Note about the Author and Translators

YVES BONNEFOY has been recognized ever since the publication of his first book (*Du mouvement et de l'immobilité de Douve*, 1953) as one of the finest poets of his generation in France. In addition to five books of poetry, he has published works of personal and reflective prose, prose poems, essays in literary and art criticism, and translations of a number of Shakespeare's plays. In 1981 he became the first poet since Paul Valéry to hold a chair at the Collège de France.

GALWAY KINNELL lives part of the time in New York City, where he is Samuel F. B. Morse Professor of Arts and Science, and part of the time in Vermont, where he is State Poet. He has translated, in addition to the work of Yves Bonnefoy, the *Lackawanna Elegy* of Yvan Golland and the complete poetry of François Villon. His latest book of poems is *When One Has Lived a Long Time Alone*.

RICHARD PEVEAR has published two books of poetry, *Night Talk* and *Exchanges*, as well as translations of Alain's *The Gods*, Alberto Savinio's *Childhood of Nivasio Dolcemare*, and Yves Bonnefoy's *Poems 1959–1975*. Most recently, he has worked together with Larissa Volokhonsky on a new translation of *The Brothers Karamazov*.

YVES BONNEFOY

Early Poems · *1947–1959*

TRANSLATED FROM THE FRENCH

BY GALWAY KINNELL AND

RICHARD PEVEAR

OHIO UNIVERSITY PRESS

ATHENS

Library of Congress Cataloging-in-Publication Data
Bonnefoy, Yves.
Early poems, 1947–1959 / Yves Bonnefoy : translated from the French
by Galway Kinnell and Richard Pevear.
p. cm.
ISBN 0-8214-0966-2 (cloth)   ISBN 0-8214-1048-2 (paper)
1. Bonnefoy, Yves—Translations, English. I. Kinnell, Galway, 1927–
II. Pevear, Richard, 1943– . III. Title.
PQ2603.0533A24 1992
841'.914—dc20
89-72172
CIP

Contents

Note

Early Poems 1947–1959 is a companion to *Poems 1959–1975*, which was published by Random House in 1985. The two books make up a complete bilingual edition of *Poèmes (1947–1975)*, the collected poems of Yves Bonnefoy to that date, published in 1978 by Mercure de France. The idea of translating the whole of this collection, the most important body of work in French poetry since the war, came from Galway Kinnell, the poet's first American translator and longtime friend, whose translation of *Du mouvement et de l'immobilité de Douve*, issued by Ohio University Press in 1968, is here reprinted in slightly revised form. It was also Mr. Kinnell who arranged for the publication of the two books, and chose his fellow translator.

The latter wishes to express his thanks to Mr. Kinnell, to the Guggenheim Foundation for its generous assistance, and finally to Yves Bonnefoy, who read the first versions of *Hier régnant désert*, "Anti-Platon," and "Dévotion," and offered many corrections and suggestions. As a result, the translations are sometimes freer than they might otherwise have been.

R.P.

Acknowledgments

Acknowledgment is made to the following in which selections from *On the Motion and Immobility of Douve* originally appeared: *The Hudson Review*, and the *Chicago Review*.

"What word springs up beside me," "*A Voice*" ("What house would you build for me"), "*Another Voice*," "If this night be other than the night," "Sometimes, you used to say, wandering at dawn," "O fatal season," "Let the word burn out," "Ask the master of the night what is this night," "*A Voice*" ("Remember the island where they build the fire"), "*Low Voices and Phoenix*," "But let her be silent, the one still keeping watch," "Be still for it is true we are the most," "So we will walk on the ruins of a vast sky," "And now you are Douve," "All one night," "Look at me, look at me," "Thus we stayed awake," "When the salamander reappeared, the sun," "Cassandra, he will say, hands empty and painted," "*Justice*," "I will take your dead face into my hands," "The orangery shall be your dwelling place," "*Truth*," "You took up a lamp and now you open the door," "Let a place be made for the one who approaches," "Here the knight of mourning is defeated," "But does he weep over a deeper," "*Place of the Salamander*," "*True Place of the Stag*," "Day breaks over evening, it shall sweep beyond," originally appeared in *Poetry*.

ANTI-PLATO

(Anti-Platon)

I)

Il s'agit bien de cet objet: tête de cheval plus grande que nature où s'incruste toute une ville, ses rues et ses remparts courant entre les yeux, épousant le méandre et l'allongement du museau. Un homme a su construire de bois et de carton cette ville, et l'éclairer de biais d'une lune vraie, il s'agit bien de cet objet: la tête en cire d'une femme tournant échevelée sur le plateau d'un phonographe.

Toutes choses d'ici, pays de l'osier, de la robe, de la pierre, c'est-à-dire: pays de l'eau sur les osiers et les pierres, pays des robes tachées. Ce rire couvert de sang, je vous le dis, trafiquants d'éternel, visages symétriques, absence du regard, pèse plus lourd dans la tête de l'homme que les parfaites Idées, qui ne savent que déteindre sur sa bouche.

I)

The question is, *this* object: a horse's head larger than life encrusted with a whole town, streets and walls running between the eyes, assuming the curve and elongation of the muzzle. A man was able to make this town from cardboard and wood, and to light it from the side with a real moon, the question is, *this* object: the wax head of a dishevelled woman spinning on the turntable of a phonograph.

All things from here, the land of the osier, of the dress, of the stone, that is: the land of water flowing among osiers and stones, the land of splashed dresses. This laughter covered with blood, I tell you, traffickers in the eternal, blank-eyed, symmetrical faces, weighs more heavily in the head of a man than the perfect Ideas, which do nothing but lose their color in his mouth.

I I)

L'arme monstrueuse une hache aux cornes d'ombre portée sur les
    pierres,
Arme de la pâleur et du cri quand tu tournes blessée dans ta robe de
    fête,
Une hache puisqu'il faut que le temps s'éloigne sur ta nuque,
O lourde et tout le poids d'un pays sur tes mains l'arme tombe.

I I)

Monstrous weapon an axe with horns of shadow cast on the stones,
Weapon of pallor and outcry when you turn wounded in your fes-
tive dress,
An axe because time must recede on the nape of your neck,
O heavy and with a land's full weight on your hands the weapon
falls.

I I I)

Quel sens prêter à cela: un homme forme de cire et de couleurs le simulacre d'une femme, le pare de toutes les ressemblances, l'oblige à vivre, lui donne par un jeu d'éclairages savant cette hésitation même au bord du mouvement qu'exprime aussi le sourire.

Puis s'arme d'une torche, abandonne le corps entier aux caprices de la flamme, assiste à la déformation, aux ruptures de la chair, projette dans l'instant mille figures possibles, s'illumine de tant de monstres, ressent comme un couteau cette dialectique funèbre où la statue de sang renaît et se divise, dans la passion de la cire, des couleurs?

I I I)

What meaning give to this: a man shapes the simulacrum of a woman from wax and colors, adorns it with every likeness, compels it to live, gives it by an ingenious play of light that same hesitation on the verge of movement expressed by a smile.

Then, armed with a torch, he surrenders the whole body to the whims of the flame, assists in the deformation, the ruptures of flesh, projects in an instant a thousand possible figures, is lit up by as many monsters, feels like a knife's point this funereal dialectic in which the statue of blood is reborn and breaks up, in the passion of wax and colors.

I V)

Le pays du sang se poursuit sous la robe en courses toujours noires
Quand on dit, Ici commence la chair de nuit et s'ensablent les
fausses routes
Et toi savante tu creuses pour la lumière de hautes lampes dans les
troupeaux
Et te renverses sur le seuil du pays fade de la mort.

I V)

The country of blood spreads its dark currents under the dress
When one says, Here the flesh of night begins and the false paths
   choke with sand
And you, who know, dig among the flocks for the light of high
   lamps
And fall on the threshold of the stale country of death.

V)

Captif d'une salle, du bruit, un homme mêle des cartes. Sur l'une:
«Éternité, je te hais!» Sur une autre: «Que cet instant me délivre!»

Et sur une troisième encore l'homme écrit: «Indispensable mort.»
Ainsi sur la faille du temps marche-t-il, éclairé par sa blessure.

V)

Captive of a room, of noise, a man shuffles cards. On one: "Eternity, I hate you!" On another: "May this moment deliver me!"

And on a third the man writes: "Indispensable death." Thus he walks along the fault of time, by the light of his wound.

V I)

Nous sommes d'un même pays sur la bouche de la terre,
Toi d'un seul jet de fonte avec la complicité des feuillages
Et celui qu'on appelle moi quand le jour baisse
Et que les portes s'ouvrent et qu'on parle de mort.

V I)

We come from the same country at the mouth of the earth,
You in one rush of iron among the friendly leaves,
And he who is known as I when day declines
And the doors open and there is talk of death.

V I I)

Rien ne peut l'arracher à l'obsession de la chambre noire. Penché sur une cuve essaye-t-il de fixer sous la nappe d'eau le visage: toujours le mouvement des lèvres triomphe.

Visage démâté, visage en perdition, suffit-il de toucher ses dents pour qu'elle meure? Au passage des doigts elle peut sourire, comme cède le sable sous les pas.

V I I)

Nothing can tear him away from his obsession with the dark room. Leaning over the tray he tries to fix the face under the sheet of water: the movement of lips always prevails.

Dismasted face, face in distress, if you merely touch her teeth will she die? At the passage of fingers she may smile, as sand yields underfoot.

V I I I)

Captive entre deux voleurs de surfaces vertes calcinée
Et ta tête pierreuse offerte aux draperies du vent,
Je te regarde pénétrer dans l'été (comme une mante
* funèbre dans le tableau des herbes noires),*
Je t'écoute crier au revers de l'été.

V I I I)

Captive between two thieves of wide green expanses
Charred, and your stony head offered to the draperies of the wind,
I watch you enter into summer (a funereal mantis in a picture
of black grasses),
I hear you cry out from summer's other side.

I X)

On lui dit: creuse ce peu de terre meuble, sa tête, jusqu'à ce que tes dents retrouvent une pierre.

Sensible seulement à la modulation, au passage, au frémissement de l'équilibre, à la présence affirmée dans son éclatement déjà de toute part, il cherche la fraîcheur de la mort envahissante, il triomphe aisément d'une éternité sans jeunesse et d'une perfection sans brûlure.

Autour de cette pierre le temps bouillonne. D'avoir touché cette pierre: les lampes du monde tournent, l'éclairage secret circule.

I X)

They told him: dig into this patch of loose earth (his head) until your teeth meet a stone.

Sensible only of the modulation, the passage, the trembling of the scale, of presence affirmed in its already bursting on all sides, he seeks the coolness of encroaching death, he triumphs easily over a youthless eternity and a painless perfection.

Around this stone time seethes. Having touched this stone: the lamps of the world turn, the secret light circulates.

ON THE MOTION AND
IMMOBILITY OF DOUVE

But the life of the spirit is not frightened
at death and does not keep itself pure of it.
It endures death and maintains itself in it.

HEGEL

(Du mouvement et
de l'immobilité de Douve)

*Mais la vie de l'esprit ne s'effraie point
devant la mort et n'est pas celle qui s'en
garde pure. Elle est la vie qui la supporte
et se maintient en elle.*

HEGEL

ON THE MOTION AND IMMOBILITY OF DOUVE

> But the life of the spirit is not frightened
> at death and does not keep itself pure of it.
> It endures death and maintains itself in it.
>
> HEGEL

(Du mouvement et de l'immobilité de Douve)

> *Mais la vie de l'esprit ne s'effraie point
> devant la mort et n'est pas celle qui s'en
> garde pure. Elle est la vie qui la supporte
> et se maintient en elle.*
>
> HEGEL

THEATER

(Théatre)

I)

Je te voyais courir sur des terrasses,
Je te voyais lutter contre le vent,
Le froid saignait sur tes lèvres.

Et je t'ai vue te rompre et jouir d'être morte ô plus belle
Que la foudre, quand elle tache les vitres blanches de ton sang.

I)

I saw you running on the terraces,
I saw you struggling against the wind,
The coldness bled on your lips.

And I have seen you break and rejoice at being dead—O more
  beautiful
Than the lightning, when it stains the white windowpanes of your
  blood.

I I)

L'été viellissant te gerçait d'un plaisir monotone, nous méprisions l'ivresse imparfaite de vivre.

«Plutôt le lierre, disais-tu, l'attachement du lierre aux pierres de sa nuit: présence sans issue, visage sans racine.

«Dernière vitre heureuse que l'ongle solaire déchire, plutôt dans la montagne ce village où mourir.

«Plutôt ce vent . . .»

II)

The dying summer had chapped you with listless pleasure, we
felt only scorn for the marred joys of living.

"Rather ivy," you would say, "the way it clings to the stones of its
night: presence without future, face without roots.

"Last radiant windowpane ripped by the sun's claw, rather in the
mountains this village to die in.

"Rather this wind . . ."

I I I)

Il s'agissait d'un vent plus fort que nos mémoires,
Stupeur des robes et cri des rocs—et tu passais devant ces flammes
La tête quadrillée les mains fendues et toute
En quête de la mort sur les tambours exultants de tes gestes.

C'était jour de tes seins
Et tu régnais enfin absente de ma tête.

I I I)

It was a wind stronger than our memories,
Amazement of clothing and cry of rocks—and you moved in front
    of those flames,
Head graphlined, hands split open, all
Bent on death on the exulting drums of your gestures.

It was day of your breasts:
And you reigned at last absent from my head.

I V)

Je me réveille, il pleut. Le vent te pénètre, Douve, lande résineuse endormie près de moi. Je suis sur une terrasse, dans un trou de la mort. De grands chiens de feuillages tremblent.

Le bras que tu soulèves, soudain, sur une porte, m'illumine à travers les âges. Village de braise, à chaque instant je te vois naître, Douve,

A chaque instant mourir.

I V)

I awaken, it is raining. The wind pierces you, Douve, resinous heath sleeping near me. I am on a terrace, in a pit of death. Great dogs of leaves tremble.

The arm you lift, suddenly, at a doorway, lights me across the ages. Village of embers, each instant I see you being born, Douve,

Each instant dying.

V)

Le bras que l'on soulève et le bras que l'on tourne
Ne sont d'un même instant que pour nos lourdes têtes,
Mais rejetés ces draps de verdure et de boue
Il ne reste qu'un feu du royaume de mort.

La jambe démeublée où le grand vent pénètre
Poussant devant lui des têtes de pluie
Ne vous éclairera qu'au seuil de ce royaume,
Gestes de Douve, gestes déjà plus lents, gestes noirs.

V)

The arm lifted and the arm turned
Are simultaneous only for our dull wits,
But, once we throw back these sheets of greenness and mud,
What is left is a fire in death's kingdom.

The dismantled leg which the high wind pierces
Driving heads of rain before it
Will only light you to the threshold of that kingdom,
Douve's hands, hands already slower, dark hands.

V I)

Quelle pâleur te frappe, rivière souterraine, quelle artère en toi se rompt, où l'écho retentit de ta chute?

Ce bras que tu soulèves soudain s'ouvre, s'enflamme. Ton visage recule. Quelle brume croissante m'arrache ton regard? Lente falaise d'ombre, frontière de la mort.

Des bras muets t'accueillent, arbres d'une autre rive.

V I)

What paleness comes over you, underground river, what artery breaks in you, where your fall echoes?

This arm you lift suddenly opens, catches fire. Your face draws back. What thickening mist wrenches your eye from mine? Slow cliffs of shadow, frontier of death.

Mute arms reach for you, trees of another shore.

V I I)

Blessée confuse dans les feuilles,
Mais prise par le sang de pistes qui se perdent,
Complice encor du vivre.

Je t'ai vue ensablée au terme de la lutte
Hésiter aux confins du silence et de l'eau,
Et la bouche souillée des dernières étoiles
Rompre d'un cri l'horreur de veiller dans ta nuit.

O dressant dans l'air dur soudain comme une roche
Un beau geste de houille.

V I I)

Wounded, lost among the leaves,
But gripped by the blood of vanishing paths,
Accomplice yet of life.

I have seen you, sunk down at struggle's end,
Falter at the edge of silence and water,
And mouth sullied by the last stars break
With a cry the horror of watching through your night.

O raising into the air suddenly hard as rock
A bright gesture of coal.

VIII)

La musique saugrenue commence dans les mains, dans les ge-
noux, puis c'est la tête qui craque, la musique s'affirme sous les
lèvres, sa certitude pénètre le versant souterrain du visage.

A présent se disloquent les menuiseries faciales. A présent l'on
procède à l'arrachement de la vue.

V I I I)

The weird music starts in the hands, in the knees, then it is the head that cracks, the music rises under the lips, it surges across the underslope of the face.

Now the woodwork of the face comes apart. Now begins the tearing out of the sight.

I X)

Blanche sous un plafond d'insectes, mal éclairée, de profil
Et ta robe tachée du venin des lampes,
Je te découvre étendue,
Ta bouche plus haute qu'un fleuve se brisant au loin sur la terre.

Être défait que l'être invincible rassemble,
Présence ressaisie dans la torche du froid,
O guetteuse toujours je te découvre morte
Douve disant Phénix je veille dans ce froid.

IX)

White under a ceiling of insects, poorly lit, in profile,
Your dress stained by the venom of lamps,
I find you stretched out,
Your mouth higher than a river breaking far away on the earth.

Broken being the unconquerable being reassembles,
Presence seized again in the torch of cold,
O watcher always I find you dead,
Douve saying Phoenix I wait through this cold.

X)

Je vois Douve étendue. Au plus haut de l'espace charnel je l'entends bruire. Les princes-noirs hâtent leurs mandibules à travers cet espace où les mains de Douve se développent, os défaits de leur chair se muant en toile grise que l'arraignée massive éclaire.

X)

I see Douve stretched out. On the highest level of fleshly space I
hear her rustling. Black-princes hurry their mandibles across that
space where Douve's hands unfold, unfleshed bones becoming a
gray web which the huge spider lights.

X I)

Couverte de l'humus silencieux du monde,
Parcourue des rayons d'une araignée vivante,
Déjà soumise au devenir du sable
Et tout écartelée secrète connaissance.

Parée pour une fête dans le vide
Et les dents découvertes comme pour l'amour,

Fontaine de ma mort présente insoutenable.

X I)

Covered by the world's silent humus,
Webbed through by a living spider's rays,
Already undergoing the life and death of sand
And splayed out secret knowledge.

Adorned for a festival in the void,
Teeth bared as if for love,

Fountain of my present unbearable death.

XII)

Je vois Douve étendue. Dans la ville écarlate de l'air, où combattent les branches sur son visage, où des racines trouvent leur chemin dans son corps—elle rayonne une joie stridente d'insectes, une musique affreuse.

Au pas noir de la terre, Douve ravagée, exultante, rejoint la lampe noueuse des plateaux.

46

X I I)

I see Douve stretched out. In the scarlet city of air, where branches clash across her face, where roots find their way into her body—she radiates a strident insect joy, a frightful music.

With the black tread of earth, Douve, ravaged, exultant, returns to the uplands, this gnarled lamp.

XIII)

Ton visage ce soir éclairé par la terre,
Mais je vois tes yeux se corrompre
Et le mot visage n'a plus de sens.

La mer intérieure éclairée d'aigles tournants,
Ceci est une image.
Je te détiens froide à une profondeur où les images ne prennent
plus.

X I I I)

Your face tonight lighted by the earth,
But I see your eyes' corruption
And the word face makes no sense.

The inner sea lighted by turning eagles,
This is an image.
I hold you cold at a depth where images will not take.

XIV)

Je vois Douve étendue. Dans une pièce blanche, les yeux cernés de plâtre, bouche vertigineuse et les mains condamnées à l'herbe luxuriante qui l'envahit de toutes parts.

La porte s'ouvre. Un orchestre s'avance. Et des yeux à facettes, des thorax pelucheux, des têtes froides à becs, à mandibules, l'inondent.

XIV)

I see Douve stretched out. In a white room, eyes circled with plaster, mouth towering, hands condemned to the lush grass entering her from all sides.

The door opens. An orchestra surges forward. And faceted eyes, woolly thoraxes, cold heads beaked and pincered, flood over her.

X V)

O douée d'un profil où s'acharne la terre,
Je te vois disparaître.

L'herbe nue sur tes lèvres et l'éclat du silex
Inventent ton dernier sourire,

Science profonde où se calcine
Le vieux bestiaire cérébral.

X V)

O gifted with a profile where earth rages,
I see you disappear.

On your lips bare grass and flintsparks
Invent your last smile,

Deep knowledge which burns to ashes
The old bestiary of the mind.

X V I)

Demeure d'un feu sombre où convergent nos pentes! Sous ses voûtes je te vois luire, Douve immobile, prise dans le filet vertical de la mort.

Douve géniale, renversée: au pas des soleils dans l'espace funèbre, elle accède lentement aux étages inférieurs.

X V I)

Home of a dark fire where our slopes converge! Under its vaults I see you glimmer, Douve, motionless, caught in the vertical net of death.

Inspired Douve, overturned: with the march of suns through funeral space, she reaches slowly the lower levels.

XVII)

Le ravin pénètre dans la bouche maintenant,
Les cinq doigts se dispersent en hasards de forêt maintenant,
La tête première coule entre les herbes maintenant,
La gorge se farde de neige et de loups maintenant,
Les yeux ventent sur quels passagers de la mort et c'est nous dans ce
vent dans cette eau dans ce froid maintenant.

X V I I)

The ravine enters the mouth now,
The five fingers scatter in the forest now,
The primal head flows out among the grasses now,
The throat paints itself with snow and wolves now,
The eyes blow on which of death's passengers and it is we in this
   wind in this water in this cold now.

XVIII)

Présence exacte qu'aucune flamme désormais ne saurait restreindre; convoyeuse du froid secret; vivante, de ce sang qui renaît et s'accroît où se déchire le poème,

Il fallait qu'ainsi tu parusses aux limites sourdes, et d'un site funèbre où ta lumière empire, que tu subisses l'épreuve.

O plus belle et la mort infuse dans ton rire! J'ose à présent te rencontrer, je soutiens l'éclat de tes gestes.

X V I I I)

Exact presence whom no flame can ever again hold back; attendant of the secret cold; living, by that blood which springs and flourishes there where the poem disintegrates,

It was necessary for you to appear, thus, at the numb limits, to undergo this ordeal, this death-land where your light increases.

O more beautiful, with death-steeped laughter! Now I dare meet you, now I can face your gestures' flashing.

XIX)

Au premier jour du froid notre tête s'évade
Comme un prisonnier fuit dans l'ozone majeur,
Mais Douve d'un instant cette flèche retombe
Et brise sur le sol les palmes de sa tête.

Ainsi avions-nous cru réincarner nos gestes,
Mais la tête niée nous buvons une eau froide,
Et des liasses de mort pavoisent ton sourire,
Ouverture tentée dans l'épaisseur du monde.

X I X)

On the first day of cold the head escapes
As a prisoner flees into rarest air,
But Douve for an instant that arrow falls
And breaks its crown of palms on the ground.

So we had dreamed of incarnate gestures
But with mind cancelled we drink a cold water,
And death's banners flutter at your smile,
Attempted rift in the thickness of the world.

LAST ACTS

(Derniers Gestes)

Aux Arbres

Vous qui vous êtes effacés sur son passage,
Qui avez refermé sur elle vos chemins,
Impassibles garants que Douve même morte
Sera lumière encore n'étant rien.

Vous fibreuse matière et densité,
Arbres, proches de moi quand elle s'est jetée
Dans la barque des morts et la bouche serrée
Sur l'obole de faim, de froid et de silence.

J'entends à travers vous quel dialogue elle tente
Avec les chiens, avec l'informe nautonier,
Et je vous appartiens par son cheminement
A travers tant de nuit et malgré tout ce fleuve.

Le tonnerre profond qui roule sur vos branches,
Les fêtes qu'il enflamme au sommet de l'été
Signifient qu'elle lie sa fortune à la mienne
Dans la médiation de votre austérité.

TO THE TREES

You who stepped aside as she passed,
Who closed over your pathways behind her,
Stolid bondsmen for Douve: that even dead
She will again be light, being nothing.

You fibrous matter and density,
Trees, close to me when she leapt
Into the boat of the dead, mouth shut tight
On the obolus of hunger, of silence, of cold.

Through you I hear the dialogue she tries
With the dogs, with the misshapen oarsman,
And I become part of you as she travels
Through so much night in spite of all this river.

The deep thunder rolling on your branches,
The festivals it ignites at the peak of summer
Mean that she binds her destiny to mine
Through the mediation of your austerity.

Que saisir sinon qui s'échappe,
Que voir sinon qui s'obscurcit,
Que désirer sinon qui meurt,
Sinon qui parle et se déchire?

Parole proche de moi
Que chercher sinon ton silence,
Quelle lueur sinon profonde
Ta conscience ensevelie,

Parole jetée matérielle
Sur l'origine et la nuit?

What shall I seize but what escapes,
What shall I see but what fades,
What shall I desire but what dies,
But what speaks and tears itself?

Speech close to me,
What shall I seek but your silence,
What gleam but deep down
Your buried consciousness,

Speech material span
Over origin and night?

Le Seul Témoin

I)

Ayant livré sa tête aux basses flammes
De la mer, ayant perdu ses mains
Dans son anxieuse profondeur, ayant jeté
Aux matières de l'eau sa chevelure;
Étant morte, puisque mourir est ce chemin
De verticalité sous la lumière,
Et ivre encore étant morte: ô je fus,
Ménade consumée, dure joie mais perfide,
Le seul témoin, la seule bête prise
Dans ces rets de ta mort que furent sables
Ou rochers ou chaleur, ton signe disais-tu.

SOLE WITNESS

I)

Having given her head to the low flames
Of the sea, having lost her hands
In its restless depths, having thrown
Her hair to the elements of water;
Being dead, since dying in this road
Of verticality under the light,
And drunken, still, in death: I was,
O Maenad in ashes, hard but perfidious joy,
The sole witness, the only beast caught
In those nets of your death which were sand
Or rocks or head, your sign you used to say.

I I)

Elle fuit vers les saules; le sourire
Des arbres l'enveloppe, simulant
La joie simple d'un jeu. Mais la lumière
Est sombre sur ses mains de suppliante,
Et le feu vient laver sa face, emplir sa bouche
Et rejeter son corps dans le gouffre des saules.

O t'abîmant du flanc de la table osirienne
Dans les eaux de la mort!
Une dernière fois de tes seins
Éclairant les convives.
Mais répandant le jour de ta tête glacée
Sur la stérilité des sites infernaux.

I I)

She runs toward the willows; the smile
Of the trees closes round her, feigning
The simple joy of some game. But the light
Is dark on her supplicating hands,
And fire comes to wash her face, fill her mouth,
Throw back her body deep among the willows.

O plunging from the side of the Osirian feast
Into the waters of death!
A last time with your breasts
Lighting the partakers.
But shedding the light of your frozen head
On the sterility of the hellish shores.

I I I)

Le peu d'espace entre l'arbre et le seuil
Suffit pour que tu t'élances encore et que tu meures
Et que je croie revivre à la lumière
D'ombrages que tu fus.

Et que j'oublie
Ton visage criant sur chaque mur,
O Ménade peut-être réconciliée
Avec tant d'ombre heureuse sur la pierre.

I I I)

The gap between the tree and the threshold
Is enough for you to rush out again and to die
And for me to think I live again in the light
Of the shadows you used to be.

And for me to forget
Your face shouting on every wall,
O Maenad reconciled perhaps
With so much shadow happy on the stone.

I V)

Es-tu vraiment morte ou joues-tu
Encore à simuler la pâleur et le sang,
O toi passionnément au sommeil qui te livres
Comme on ne sait que mourir?

Es-tu vraiment morte ou joues-tu
Encore en tout miroir
A perdre ton reflet, ta chaleur et ton sang
Dans l'obscurcissement d'un visage immobile?

I V)

Are you really dead or do you still play
At imitating that paleness and that blood,
You, oh passionately giving yourself to sleep
In the way only used for dying?

Are you really dead or do you still play
In every mirror
At losing your reflection, your warmth, your blood,
In the darkening of a motionless face?

V)

Où maintenant est le cerf qui témoigna
Sous ces arbres de justice,
Qu'une route de sang par elle fut ouverte,
Un silence nouveau par elle inventé.

Portant sa robe comme lac de sable, comme froid,
Comme cerf pourchassé aux lisières,
Qu'elle mourut, portant sa robe la plus belle,
Et d'une terre vipérine revenue?

V)

Where now is the stag who testified
Under these trees of justice
That she opened a roadway of blood,
That she invented a new silence.

That in her dress as if some lake of sand, or cold,
Or stag hunted into the fringes,
She died, in her most beautiful dress,
Come back from a viperous land?

V I)

Sur un fangeux hiver, Douve, j'étendais
Ta face lumineuse et basse de forêt.
Tout se défait, pensai-je, tout s'éloigne.

Je te revis violente et riant sans retour,
De tes cheveux au soir d'opulentes saisons
Dissimuler l'éclat d'un visage livide.

Je te revis furtive. En lisière des arbres
Paraître comme un feu quand l'automne resserre
Tout le bruit de l'orage au cœur des frondaisons.

O plus noire et déserte! Enfin je te vis morte,
Inapaisable éclair que le néant supporte,
Vitre sitôt éteinte, et d'obscure maison.

V I)

Over a muddy winter, Douve, I spread out
Your face, luminous and low, like a forest.
Everything dies, I thought, everything vanishes.

I saw you, violent, helplessly laughing,
At the fall of opulent seasons, hiding
With your hair the glare of a livid face.

And I saw you furtive. At the trees' edge
Appearing like a fire when the autumn draws
The whole noise of the storm to the heart of leaves.

O blackest and most barren! At last I saw you dead,
Unappeasable lightning bolt strung out on the void,
Window now put out, and of a dark house.

Vrai Nom

Je nommerai désert ce château que tu fus,
Nuit cette voix, absence ton visage,
Et quand tu tomberas dans la terre stérile
Je nommerai néant l'éclair qui t'a porté.

Mourir est un pays que tu aimais. Je viens
Mais éternellement par tes sombres chemins.
Je détruis ton désir, ta forme, ta mémoire,
Je suis ton ennemi qui n'aura de pitié.

Je te nommerai guerre et je prendrai
Sur toi les libertés de la guerre et j'aurai
Dans mes mains ton visage obscur et traversé,
Dans mon cœur ce pays qu'illumine l'orage.

TRUE NAME

I will name wilderness the castle which you were,
Night your voice, absence your face,
And when you fall back into sterile earth
I will name nothingness the lightning which bore you.

Dying is a country which you loved. I approach
Along your dark ways, but eternally.
I destroy your desire, your form, your trace in me,
I am your enemy who will show no mercy.

I will name you war and I will take
With you the liberties of war, and I will have
In my hands your dark-crossed face,
In my heart this land which the storm lights.

La lumière profonde a besoin pour paraître
D'une terre rouée et craquante de nuit.
C'est d'un bois ténébreux que la flamme s'exalte.
Il faut à la parole même une matière,
Un inerte rivage au delà de tout chant.

Il te faudra franchir la mort pour que tu vives,
La plus pure présence est un sang répandu.

If it is to appear, the deep light needs
A ravaged soil cracking with night.
It is from the dark wood that the flame will leap.
Speech itself needs such substance,
A lifeless shore beyond all singing.

You will have to go through death to live,
The purest presence is blood which is shed.

Phénix

L'oiseau se portera au-devant de nos têtes,
Une épaule de sang pour lui se dressera.
Il fermera joyeux ses ailes sur le faîte
De cet arbre ton corps que tu lui offriras.

Il chantera longtemps s'éloignant dans les branches,
L'ombre viendra lever les bornes de son cri.
Refusant toute mort inscrite sur les branches
Il osera franchir les crêtes de la nuit.

PHOENIX

The bird will soar to meet our heads,
A shoulder of blood will be lifted for him.
He will fold his joyful wings on the peak
Of this tree your body you will offer him.

He will sing a long time fading into the branches,
Darkness will erase the boundaries of his cry.
Refusing any death hinted by the branches
He will dare to pass the summits of the night.

Cette pierre ouverte est-ce toi, ce logis dévasté,
Comment peut-on mourir?

J'ai apporté de la lumière, j'ai cherché,
Partout régnait le sang.
Et je criais et je pleurais de tout mon corps.

This opened stone is it you, this wrecked house,
How can one die?

I brought light, I looked,
Everywhere blood reigned.
And I cried, I wept with my whole body.

Vrai Corps

Close la bouche et lavé le visage,
Purifié le corps, enseveli
Ce destin éclairant dans la terre du verbe,
Et le mariage le plus bas s'est accompli.

Tue cette voix qui criait à ma face
Que nous étions hagards et séparés,
Murés ces yeux: et je tiens Douve morte
Dans l'âpreté de soi avec moi refermée.

Et si grand soit le froid qui monte de ton être,
Si brûlant soit le gel de notre intimité,
Douve, je parle en toi; et je t'enserre
Dans l'acte de connaître et de nommer.

TRUE BODY

The mouth shut tight, the face washed,
The body purified, that shining fate
Buried in the earth of words,
And the humblest marriage is consummated.

Silenced that voice which shouted in my face
That we were wild and separated,
Walled up those eyes: and I hold Douve dead
In the rasping self locked with me again.

And however great the coldness rising from you,
However searing the ice of our embrace,
Douve, I do speak in you; and I clasp you
In the act of knowing and of naming.

Art Poétique

Visage séparé de ses branches premières
Beauté toute d'alarme par ciel bas,

En quel âtre dresser le feu de ton visage
O Ménade saisie jetée la tête en bas?

ART OF POETRY

Face cut off from its first branchings,
Beauty made of alarms under a low sky,

In what hearth shall I build the fire of your face
Maenad seized and thrown head first?

DOUVE SPEAKS

(Douve Parle)

Quelle parole a surgi près de moi,
Quel cri se fait sur une bouche absente?
A peine si j'entends crier contre moi,
A peine si je sens ce souffle qui me nomme.

Pourtant ce cri sur moi vient de moi,
Je suis muré dans mon extravagance.
Quelle divine ou quelle étrange voix
Eût consenti d'habiter mon silence?

What word springs up beside me,
What cry is forming on an absent mouth?
I hardly hear this cry against me,
I hardly feel that breath saying my name.

And yet the cry comes from myself,
I am walled up in my extravagance,
What divine or what strange voice
Would have agreed to live in my silence?

Une Voix

Quelle maison veux-tu dresser pour moi,
Quelle écriture noire quand vient le feu?

*

J'ai reculé longtemps devant tes signes,
Tu m'as chassée de toute densité.

*

Mais voici que la nuit incessante me garde,
Par de sombres chevaux je me sauve de toi.

A VOICE

What house would you build for me,
What black writing when the fire comes?

*

I drew back from your signs a long time,
You hurled me from all densities.

*

But now endless night watches over me,
On dark horses I escape from you.

Une Autre Voix

Secouant ta chevelure ou cendre de Phénix,
Quel geste tentes-tu quand tout s'arrête,

Et quand minuit dans l'être illumine les tables?

*

Quel signe gardes-tu sur tes lèvres noires,
Quelle pauvre parole quand tout se tait,

Dernier tison quand l'âtre hésite et se referme?

*

Je saurai vivre en toi, j'arracherai
En toi toute lumière,

Toute incarnation, tout récif, toute loi.

*

Et dans le vide où je te hausse j'ouvrirai
La route de la foudre,

Ou plus grand cri qu'être ait jamais tenté.

ANOTHER VOICE

Shaking your hair or Phoenix's ashes,
What motion do you make when everything stops,

And the inner midnight lights the tables?
*

What sign do you keep on your black lips,
What wretched word when everything hushes,

Last brand when the hearth flickers and closes?
*

I will know how to live in you, I will
Tear every light out of you,

Every incarnation, every reef, every law.
*

And where I lift you in the emptiness I will
Open the road of lightning,

Or greatest cry a man ever attempted.

Si cette nuit est autre que la nuit,
Renais, lointaine voix bénéfique, réveille
L'argile la plus grave où le grain ait dormi.
Parle: je n'étais plus que terre désirante,
Voici les mots enfin de l'aube et de la pluie.
Mais parle que je sois la terre favorable,
Parle s'il est encor un jour enseveli.

If this night be other than the night,
Come back to life, distant beneficent voices, arose
The heaviest clay in which grain ever slept.
Speak: I was nothing but yearning earth,
Now come the words of dawn and rain at last.
But speak that I may be propitious earth,
Speak if somewhere lives a buried day.

I)

Quelquefois, disais-tu, errante à l'aube
Sur des chemins noircis,
Je partageais l'hypnose de la pierre,
J'étais aveugle comme elle.
Or est venu ce vent par quoi mes comédies
Se sont élucidées en l'acte de mourir.

Je désirais l'été,
Un furieux été pour assécher mes larmes,
Or est venu ce froid qui grandit dans mes membres,
Et je fus éveillée et je souffris.

DOUVE SPEAKS

I)

Sometimes, you used to say, wandering at dawn
On blackened paths,
I shared the stone's hypnosis,
I was blind like it.
Now that wind has come by which all my games
Are given away in the act of dying.

I longed for summer,
A furious summer to dry my tears,
Now has come this coldness which swells in my flesh
And I was awakened and I suffered.

I I)

O fatale saison,
O terre la plus nue comme une lame!
Je désirais l'été,
Qui a rompu ce fer dans le vieux sang?

Vraiment je fus heureuse
A ce point de mourir.
Les yeux perdus, mes mains s'ouvrant à la souillure
D'une éternelle pluie.

Je criais, j'affrontais de ma face le vent . . .
Pourquoi haïr, pourquoi pleurer, j'étais vivante,
L'été profond, le jour me rassuraient.

I I)

O fatal season,
O barest earth like a blade!
I longed for summer,
Who has broken off this sword in the old blood?

Truly I was happy
At this moment of dying.
Eyes lost, hands opening to the sullying
Of an eternal rain.

I cried out, I confronted the wind,
Why hate, why weep, I was alive,
The deep summer, the day reassured me.

I I I)

Que le verbe s'éteigne
Sur cette face de l'être où nous sommes exposés,
Sur cette aridité que traverse
Le seul vent de finitude.

Que celui qui brûlait debout
Comme une vigne,
Que l'extrême chanteur roule de la crête
Illuminant
L'immense matière indicible.

Que le verbe s'éteigne
Dans cette pièce basse où tu me rejoins,
Que l'âtre du cri se resserre
Sur nos mots rougeoyants.

Que le froid par ma mort se lève et prenne un sens.

I I I)

Let the word burn out
On this slope of being where we are stranded,
On this arid land
Which only the wind of our limits crosses.

Let him who burned standing up
Like a vine,
Let the wildest singer roll from the crest
Illuminating
Vast unutterable matter.

Let the word burn out
In this low room where you come to me,
Let the hearth of the cry close down
On our ember-words.

Let the cold by my death arise and take on meaning.

Demande au maître de la nuit quelle est cette nuit,
Demande: que veux-tu, ô maître disjoint?
Naufragé de ta nuit, oui je te cherche en elle,
Je vis de tes questions, je parle dans ton sang,
Je suis le maître de ta nuit, je veille en toi comme la nuit.

Ask the master of the night what is this night,
Ask: what do you want, O master in ruins?
Shipwrecked in your night, yes I seek you in it,
I live by your questions, I speak in your blood,
I am master of your night, I keep watch in you like night.

Souviens-toi de cette île où l'on bâtit le feu
De tout olivier vif au flanc des crêtes,
Et c'est pour que la nuit soit plus haute et qu'à l'aube
Il n'y ait plus de vent que de stérilité.
Tant de chemins noircis feront bien un royaume
Où rétablir l'orgueil que nous avons été,
Car rien ne peut grandir une éternelle force
Qu'une éternelle flamme et que tout soit défait.
Pour moi je rejoindrai cette terre cendreuse,
Je coucherai mon cœur sur son corps dévasté.
Ne suis-je pas ta vie aux profondes alarmes,
Qui n'a de monument que Phénix au bûcher?

A VOICE

Remember the island where they build the fire
Out of every olive tree thriving on the slopes,
In order that night should arch higher and at dawn
The only wind be that of sterility.
So many charred roads will make up a kingdom
Where the pride we once knew can reign again,
For nothing can swell an eternal force
But an eternal flame and the ruin of everything.
For myself I will go back to that earth of ashes,
I will lay down my heart on its ravaged body.
Am I not your life in its deepest alarms,
Whose only monument is the Phoenix's pyre?

Demande pour tes yeux que les rompe la nuit,
Rien ne commencera qu'au delà de ce voile,
Demande ce plaisir que dispense la nuit
De crier sous le cercle bas d'aucune lune,
Demande pour ta voix que l'étouffe la nuit.

Demande enfin le froid, désire cette houille.

Ask for your eyes that the night tear them,
Nothing will begin but beyond this veil,
Ask for the pleasure which the night gives,
Of crying out in this sphere of no moon,
Ask for your voice that the night muffle it.

Ask finally for cold in the darkest ore.

Une Voix

J'ai porté ma parole en vous comme une flamme,
Ténèbres plus ardues qu'aux flammes sont les vents.
Et rien ne m'a soumise en si profonde lutte,
Nulle étoile mauvaise et nul égarement.
Ainsi ai-je vécu, mais forte d'une flamme,
Qu'ai-je d'autre connu que son recourbement
Et la nuit que je sais qui viendra quand retombent
Les vitres sans destin de son élancement.
Je ne suis que parole intentée à l'absence,
L'absence détruira tout mon ressassement.
Oui, c'est bientôt périr de n'être que parole,
Et c'est tâche fatale et vain couronnement.

I bore my words in you like a flame,
Darkness fiercer than wind on fire:
And nothing subdued me in such deep struggle,
No evil star, no stumbling from the road.
In this way I lived, strong by a flame,
What else have I known but its bending
And the night I know will come when they fall,
Those futureless windows of its first leaping.
I am only words brought against absence,
Absence will destroy my endless babble.
Yes, to be words only is to die out soon,
The task is doomed and its crowning vain.

Voix Basses et Phénix

UNE VOIX

Tu fus sage d'ouvrir, il vint à la nuit,
Il posa près de toi la lampe de pierre.
Il te coucha nouvelle en ta place ordinaire,
De ton regard vivant faisant étrange nuit.

UNE AUTRE VOIX

La première venue en forme d'oiseau
Frappe à ma vitre au minuit de ma veille.
J'ouvre et saisie dans sa neige tombe
Et ce logis m'échappe où je menais grand feu.

UNE VOIX

Elle gisait, le cœur découvert. A minuit,
Sous l'épais feuillage des morts,
D'une lune perdue elle devint la proie,
La maison familière où tout se rétablit.

UNE AUTRE VOIX

D'un geste il me dressa cathédrale de froid,
O Phénix! Cime affreuse des arbres crevassée
Par le gel! Je roulais comme torche jetée
Dans la nuit même où le Phénix se recompose.

LOW VOICES AND PHOENIX

A VOICE

You were right to open, he came by night,
He placed the stone lamp beside you.
He laid you down remade in your usual place,
Turning your living gaze into strange night.

ANOTHER VOICE

The first to arrive in the shape of a bird
Raps at my window in the midnight of my vigil.
I open and caught in its snow I fall
And the house vanishes where I lit great fires.

A VOICE

She was lying there, her heart bared. At midnight,
Under the thick foliage of the dead,
She became the prey of a wandering moon,
The familiar house where all begins again.

ANOTHER VOICE

With one motion he turned me cathedral of cold,
O Phoenix! Frightful summit of trees riven
By ice! And I fell end over end like a torch hurled
Into the same night where Phoenix re-forms.

Mais que se taise celle qui veille encor
Sur l'âtre, son visage étant chu dans les flammes,
Qui reste encore assise, étant sans corps.

Qui parle pour moi, ses lèvres étant fermées,
Qui se lève et m'appelle, étant sans chair,
Qui part laissant sa tête dessinée,

Qui rit toujours, en rire étant morte jadis.

But let her be silent, the one still keeping watch
At the hearth, her face having fallen in the flames,
Who yet remains seated, being bodiless.

Who speaks for me, her lips being shut,
Who gets up and calls me, being without flesh,
Who goes away leaving her head half-sketched,

Who laughs still, in laughter dead long since.

Tais-toi puisqu'aussi bien nous sommes de la nuit
Les plus informes souches gravitantes,
Et matière lavée et retournant aux vieilles
Idées retentissantes où le feu s'est tari,
Et face ravinée d'une aveugle présence
Avec tout feu chassée servante d'un logis,
Et parole vécue mais infiniment morte
Quand la lumière enfin s'est faite vent et nuit.

Be still for it is true we are the most
Shapeless of night's gravitating roots,
Washed matter turning again to the old
Resounding archetypes whose fire has dried out,
And ravaged face of a blind presence,
Servant driven with the fire from the house,
And word that has been lived but infinitely dead
Now that the light has turned to wind and dark at last.

THE ORANGERY

(L'orangerie)

Ainsi marcherons-nous sur les ruines d'un ciel immense,
Le site au loin s'accomplira
Comme un destin dans la vive lumière.

Le pays le plus beau longtemps cherché
S'étendra devant nous terre des salamandres.

Regarde, diras-tu, cette pierre:
Elle porte la présence de la mort.
Lampe secrète c'est elle qui brûle sous nos gestes,
Ainsi marchons-nous éclairés.

So we will walk on the ruins of a vast sky,
The far-off landscape will bloom
Like a destiny in the vivid light.

The long-sought most beautiful country
Will lie before us land of salamanders.

Look, you will say, at this stone:
Death shines from it.
Secret lamp it is this that burns under our steps,
Thus we walk lighted.

Hic est Locus Patriae

Le ciel trop bas pour toi se déchirait, les arbres
Envahissaient l'espace de ton sang.
Ainsi d'autres armées sont venues, ô Cassandre,
Et rien n'a pu survivre à leur embrassement.

Un vase décorait le seuil. Contre son marbre
Celui qui revenait sourit en s'appuyant.
Ainsi le jour baissait sur le lieudit Aux Arbres.
C'était jour de parole et ce fut nuit de vent.

HIC EST LOCUS PATRIAE

The sky too low for you had ripped, the trees
Invaded the space of your blood.
Thus other armies came, O Cassandra,
And nothing could survive their embrace.

A vase decorated the threshold. Leaning
On its marble the one who was returning smiled.
Thus the day grew dim on the place called *The Trees*.
It had been day of words and it was night of wind.

Le lieu était désert, le sol sonore et vacant,
La clé, facile dans la porte.
Sous les arbres du parc,
Qui allait vivre en telle brume chancelait.

L'orangerie,
Nécessaire repos qu'il rejoignait,
Parut, un peu de pierre dans les branches.

O terre d'un destin! Une première salle
Criait de feuille morte et d'abandon.
Sur la seconde et la plus grande, la lumière
S'étendait, nappe rouge et grise, vrai bonheur.

The place was deserted, the ground ringing and empty,
The key, easy in the door.
Under the trees in the park
He who would live in that mist went staggering.

The orangery,
Necessary resting-place to which he returned,
Came into view, a bit of stone between branches.

Land of his destiny! A first room
Cried out of dead leaves and dereliction.
On the second and largest the light
Spread, cloth of red and gray, true happiness.

La Salamandre

I)

Et maintenant tu es Douve dans la dernière chambre d'été.

Une salamandre fuit sur le mur. Sa douce tête d'homme répand la mort de l'été. ‹‹Je veux m'abîmer en toi, vie étroite, crie Douve. Éclair vide, cours sur mes lèvres, pénètre-moi!

‹‹J'aime m'aveugler, me livrer à la terre. J'aime ne plus savoir quelles dents froides me possèdent.››

THE SALAMANDER

I)

And now you are Douve in the last room of summer.

A salamander darts on the wall. Its gentle human head gives off the summer's death. "I want to be engulfed in you, narrow life," cries Douve. "Empty lightning, run on my lips, pierce me!

"I love blinding myself, surrendering myself to the earth. I love no longer knowing what cold teeth possess me."

I I)

Toute une nuit je t'ai rêvée ligneuse, Douve, pour mieux t'offrir à la flamme. Et statue verte épousée par l'écorce, pour mieux jouir de ta tête éclairante.

Éprouvant sous mes doigts le débat du brasier et des lèvres: je te voyais me sourire. Or, ce grand jour en toi des braises m'aveuglait.

I I)

All one night I dreamed you fibrous, Douve, the better to offer you to flame. And green statue wed by bark, the better to rejoice in your glittering head.

Feeling beneath my fingers the dispute of embers and lips: I could see you smiling at me. And this broad day in you of live coals, blinding me.

I I I)

‹‹Regarde-moi, regarde-moi, j'ai couru!››

Je suis près de toi, Douve, je t'éclaire. Il n'y a plus entre nous que cette lampe rocailleuse, ce peu d'ombre apaisé, nos mains que l'ombre attend. Salamandre surprise, tu demeures immobile.

Ayant vécu l'instant où la chair la plus proche se mue en connaissance.

I I I)

"Look at me, look at me, I ran!"

I am near you, Douve, I light your way. Nothing between us but this stony lamp, this stilled shadow, our hands the shadow takes. Startled salamander, you do not move.

Having lived that instant when the nearest flesh turns knowledge.

I V)

Ainsi restions-nous éveillés au sommet de la nuit de l'être. Un buisson céda.

Rupture secrète, par quel oiseau de sang circulais-tu dans nos ténèbres?

Quelle chambre rejoignais-tu, où s'aggravait l'horreur de l'aube sur les vitres?

I V)

Thus we stayed awake, high in the night of being. A thicket gave.

Secret break, by what bird of blood did you pulse through our darkness?

To which room were you returning, where the horror of dawn deepened on the panes?

Quand reparut la salamandre, le soleil
Était déjà très bas sur toute terre,
Les dalles se paraient de ce corps rayonnant.

Et déjà il avait rompu cette dernière
Attache qu'est le cœur que l'on touche dans l'ombre.

Sa blessure créa, paysage rocheux,
Une combe où mourir sous un ciel immobile.
Tourné encor à toutes vitres, son visage
S'illumina de ces vieux arbres où mourir.

When the salamander reappeared, the sun
Was already very low on every land,
The flagstones took on beauty from this radiant body.

And already he had cut that last
Bond which is the heart reached in darkness.

Thus, rocky landscape, his wound opened
A ravine to die in, under a motionless sky.
Still turned toward the windows, his face
Lighted with those old trees where he could die.

Cassandre, dira-t-il, mains désertes et peintes,
Regard puisé plus bas que tout regard épris,
Accueille dans tes mains, sauve dans leur étreinte
Ma tête déjà morte où le temps se détruit.

L'Idée me vient que je suis pur et je demeure
Dans la haute maison dont je m'étais enfui.
Oh pour que tout soit simple aux rives où je meure
Resserre entre mes doigts le seul livre et le prix.

Lisse-mois, farde-moi. Colore mon absence.
Désœuvre ce regard qui méconnaît la nuit.
Couche sur moi les plis d'un durable silence,
Éteins avec la lampe une terre d'oubli.

Cassandra, he will say, hands empty and painted,
Gaze drawn up from lower than any gaze of love,
Take in your hands, save in their embrace
This head now dead where time is ruins.

The Idea grows in me that I am pure and live
In the high house from which I had fled.
Oh that all be simple on the shores where I die
Press into my fingers the book, the obolus.

Smooth me, anoint me. Dye my absence.
Shut down these eyes not acknowledging night.
Bed me in folds of a lasting silence,
Put out with the lamp a land of oblivion.

Mais toi, mais le désert! étends plus bas
Tes nappes ténébreuses.
Insinue dans ce cœur pour qu'il ne cesse pas
Ton silence comme une cause fabuleuse.

Viens. Ici s'interrompt une pensée,
Ici n'a plus de route un beau pays.
Avance sur le bord de cette aube glacée
Que te donne en partage un soleil ennemi.

Et chante. C'est pleurer deux fois ce que tu pleures
Si tu oses chanter par grand refus.
Souris, et chante. Il a besoin que tu demeures,
Sombre lumière, sur les eaux de ce qu'il fut.

JUSTICE

But you, but the desert! Spread lower
Your gloomy folds of sand.
Wind into this heart so that it will not stop
Your silence like a legendary cause.

Come. Here a thought breaks off,
Here a beautiful country runs out of roads.
Move out on the rim of that frozen dawn
Which yields as your due a hostile sun.

And sing. You mourn twice over what you mourn
If you dare to sing, denying night.
Smile, and sing. He needs your presence,
Dark light, on the waters of what he was.

Je prendrai dans mes mains ta face morte. Je la coucherai dans son froid. Je ferai de mes mains sur ton corps immobile la toilette inutile des morts.

I will take your dead face into my hands. I will lay it out in its coldness. With my hands I will make on your motionless body the useless dressing of the dead.

L'orangerie sera ta résidence.
Sur la table dressée dans une autre lumière
Tu coucheras ton cœur.
Ta face prendra feu, chassant à travers branches.

Douve sera ton nom au loin parmi les pierres,
Douve profonde et noire,
Eau basse irréductible où l'effort se perdra.

The orangery shall be your dwelling place.
On the table set up in another light
You shall lay down your heart.
Your face shall take fire, riding through branches.

Douve shall be your name far off among the stones,
Douve deep and black,
Irreducible low water where effort shall spend itself.

Vérité

Ainsi jusqu'à la mort, visages réunis,
Gestes gauches du cœur sur le corps retrouvé,
Et sur lequel tu meurs, absolue vérité,
Ce corps abandonné à tes mains affaiblies.

L'odeur du sang sera ce bien que tu cherchais,
Bien frugal rayonnant sur une orangerie.
Le soleil tournera, de sa vive agonie
Illuminant le lieu où tout fut dévoilé.

TRUTH

Thus until death, faces reunited,
The heart's clumsy gestures on the regained body,
Upon which you fade, absolute truth,
This body given over into your weakening hands.

The smell of blood shall be the good you sought,
Frugal good shining on an orangery.
The sun will turn, in its bright agony
Lighting the place where all was revealed.

Tu as pris une lampe et tu ouvres la porte,
Que faire d'une lampe, il pleut, le jour se lève.

You took up a lamp and now you open the door,
What use is a lamp, it is raining, the day breaks.

TRUE PLACE

(Vrai Lieu)

Qu'une place soit faite à celui qui approche,
Personnage ayant froid et privé de maison.

Personnage tenté par le bruit d'une lampe,
Par le seuil éclairé d'une seule maison.

Et s'il reste recru d'angoisse et de fatigue,
Qu'on redise pour lui les mots de guérison.

Que faut-il à ce cœur qui n'était que silence,
Sinon des mots qui soient le signe et l'oraison,

Et comme un peu de feu soudain la nuit,
Et la table entrevue d'une pauvre maison?

Let a place be made for the one who approaches,
He who is cold and has no home.

He who is tempted by the sound of a lamp,
By the bright threshold of only this house.

And if he stays overcome with anguish and fatigue,
Let be uttered for him the healing words.

This heart, which was only silence—what does it need,
But words which are both sign and litany,

And like a sudden bit of fire at night,
Or the table glimpsed in a poor man's house?

Chapelle Brancacci

Veilleuse de la nuit de janvier sur les dalles,
Comme nous avions dit que tout ne mourrait pas!
J'entendais plus avant dans une ombre semblable
Un pas de chaque soir qui descend vers la mer.

Ce que je tiens serré n'est peut-être qu'une ombre,
Mais sache y distinguer un visage éternel.
Ainsi avions-nous pris vers des fresques obscures
Le vain chemin des rues impures de l'hiver.

BRANCACCI CHAPEL

Candle of the January night on the flagstones,
When we had said not everything would die!
I could hear further off among like shadows
A step which each evening goes down to the sea.

What I cling to is perhaps but a shadow,
But see how it turns you an eternal face!
So had we taken toward darkened frescoes
The futile path of winter's muddy streets.

Lieu du Combat

I)

Voici défait le chevalier de deuil.
Comme il gardait une source, voici
Que je m'éveille et c'est par la grâce des arbres
Et dans le bruit des eaux, songe qui se poursuit.

Il se tait. Son visage est celui que je cherche
Sur toutes sources ou falaises, frère mort.
Visage d'une nuit vaincue, et qui se penche
Sur l'aube de l'épaule déchirée.

Il se tait. Que peut dire au terme du combat
Celui qui fut vaincu par probante parole?
Il tourne vers le sol sa face démunie,
Mourir est son seul cri, de vrai apaisement.

PLACE OF BATTLE

I)

Here the knight of mourning is defeated.
As he guarded a spring, so now
I awaken, by the grace of trees
Amid the noise of waters, dream renewing itself.

He says nothing. His is the face I look for
At every spring and cliffside, dead brother.
Face of a vanquished night bending
Over the daybreak of the torn shoulder.

He says nothing. What could he say now the battle is over,
He who was beaten by a word of truth?
He turns his helpless face to the ground,
To die is his one cry, of true repose.

I I)

Mais pleure-t-il sur une source plus
Profonde et fleurit-il, dahlia des morts
Sur le parvis des eaux terreuses de novembre
Qui poussent jusqu'à nous le bruit du monde mort?

Il me semble, penché sur l'aube difficile
De ce jour qui m'est dû et que j'ai reconquis,
Que j'entends sangloter l'éternelle présence
De mon démon secret jamais enseveli.

O tu reparaîtras, rivage de ma force!
Mais que ce soit malgré ce jour qui me conduit.
Ombres, vous n'êtes plus. Si l'ombre doit renaître
Ce sera dans la nuit et par la nuit.

I I)

But does he weep over a deeper
Spring and does he flower, dahlia of the dead,
At the gates of November's muddy waters
Which bear to us the sound of the dead world?

It seems, as I bend to the arduous dawn
Of this day which is owed me and which I won back,
That I hear sobbing the eternal presence
Of my secret demon who was never buried.

You shall surge up, shore of my strength!
But may it be despite this daylight leading me.
Shadows, you are no more. If the dark must be reborn
It will be in the night and by the night.

Lieu de la Salamandre

La salamandre surprise s'immobilise
Et feint la mort.
Tel est le premier pas de la conscience dans les pierres,
Le mythe le plus pur,
Un grand feu traversé, qui est esprit.

La salamandre était à mi-hauteur
Du mur, dans la clarté de nos fenêtres.
Son regard n'était qu'une pierre,
Mais je voyais son cœur battre éternel.

O ma complice et ma pensée, allégorie
De tout ce qui est pur,
Que j'aime qui resserre ainsi dans son silence
La seule force de joie.

Que j'aime qui s'accorde aux astres par l'inerte
Masse de tout son corps,
Que j'aime qui attend l'heure de sa victoire,
Et qui retient son souffle et tient au sol.

PLACE OF THE SALAMANDER

The startled salamander freezes
And feigns death.
This is the first step of consciousness among the stones,
The purest myth,
A great fire passed through, which is spirit.

The salamander was halfway up
The wall, in the light from our windows.
Its gaze was merely a stone,
But I saw its heart beat eternal.

O my accomplice and my thought, allegory
Of all that is pure,
How I love that which clasps to its silence thus
The single force of joy.

How I love that which gives itself to the stars by the inert
Mass of its whole body,
How I love that which awaits the hour of its victory
And holds its breath and clings to the ground.

Vrai Lieu
du Cerf

Un dernier cerf se perdant
Parmi les arbres,
Le sable retentira
Du pas d'obscurs arrivants.

Dans la maison traversée
Du bruit des voix,
L'alcool du jour déclinant
Se répandra sur les dalles.

Le cerf qu'on a cru retrait
Soudain s'évade.
Je pressens que ce jour a fait
Votre poursuite inutile.

TRUE PLACE
OF THE STAG

A last stag vanishing
Among the trees,
The sand will reverberate
With the tread of dark visitants.

In the house crossed
By the sound of voices,
The alcohol of the declining day
Will spill out on the stones.

The stag we thought surrounded
Suddenly breaks free.
I begin to see that this day has made
Your pursuit vain.

Le jour franchit le soir, il gagnera
Sur la nuit quotidienne.
O notre force et notre gloire, pourrez-vous
Trouer la muraille des morts?

Day breaks over evening, it shall sweep beyond
The daily night.
O our strength and our glory, will you be able
To pierce the rampart of the dead?

YESTERDAY'S EMPTY KINGDOM

You want a world, said Diotima.
That is why you have everything, and nothing.

HYPERION

(Hier Régnant Désert)

Tu veux un monde, dit Diotima.
C'est pourquoi tu as tout, et tu n'as rien.

HYPÉRION

THREATS OF THE WITNESS

(Menaces du Témoin)

Menaces du Témoin

I)

Que voulais-tu dresser sur cette table,
Sinon le double feu de notre mort?
J'ai eu peur, j'ai détruit dans ce monde la table
Rougeâtre et nue, où se déclare le vent mort.

Puis j'ai vieilli. Dehors, vérité de parole
Et vérité de vent ont cessé leur combat.
Le feu s'est retiré, qui était mon église,
Je n'ai même plus peur, je ne dors pas.

THREATS OF THE WITNESS

I)

What did you want to set up on this table
If not the two-fold fire of our death?
I was frightened, I smashed the bare, glowing table
In this world, where the dead wind declares its war.

Then I grew older. Outside, the truth of words
And the truth of wind have stopped their struggle.
The fire has withdrawn which was my church,
I'm no longer even frightened, I do not sleep.

I I)

Vois, déjà tous chemins que tu suivais se ferment,
Il ne t'est plus donné même ce répit
D'aller même perdu. Terre qui se dérobe
Est le bruit de tes pas qui ne progressent plus.

Pourquoi as-tu laissé les ronces recouvrir
Un haut silence où tu étais venu?
Le feu veille désert au jardin de mémoire
Et toi, ombre dans l'ombre, où es-tu, qui es-tu?

I I)

Look, all the paths you took are closing now,
Even this respite is no longer granted you
Of going on, even lost. Earth giving way
Is the sound of your steps moving nowhere now.

Why have you let the thorns grow over
A high silence you had come to? The fire
Keeps watch, empty, in memory's garden,
And you, shadow in the shadows, where are you, who are you?

III)

Tu cesses de venir dans ce jardin,
Les chemins de souffrir et d'être seul s'effacent,
Les herbes signifient ton visage mort.

Il ne t'importe plus que soient cachés
Dans la pierre l'église obscure, dans les arbres
Le visage aveuglé d'un plus rouge soleil,

Il te suffit
De mourir longuement comme en sommeil,
Tu n'aimes même plus l'ombre que tu épouses.

I I I)

You have stopped coming to this garden,
The paths of suffering and solitude fade,
The grass foreshadows your face in death.

It means nothing to you, now, that stone
Remains the only, dark church, that trees
Hide the blinded face of a redder sun.

Enough for you
To die at length as in sleep, you no longer
Love even the darkness you are marrying.

IV)

Tu es seul maintenant malgré ces étoiles,
Le centre est près de toi et loin de toi,
Tu as marché, tu peux marcher, plus rien ne change,
Toujours la même nuit qui ne s'achève pas.

Et vois, tu es déjà séparé de toi-même,
Toujours ce même cri, mais tu ne l'entends pas,
Es-tu celui qui meurt, toi qui n'as plus d'angoisse,
Es-tu même perdu, toi qui ne cherches pas?

I V)

You are alone now despite these stars,
The center is near you and far away,
You've walked, you may walk on, nothing changes now,
It is always the same never-ending night.

And see, you're already divided from yourself,
It is always the same cry, but you do not hear it,
Can you be dying, if you feel no more anguish,
Can you even be lost, if you seek nothing?

V)

Le vent se tait, seigneur de la plus vieille plainte,
Serai-je le dernier qui s'arme pour les morts?
Déjà le feu n'est plus que mémoire et que cendre
Et bruit d'aile fermée, bruit de visage mort.

Consens-tu de n'aimer que le fer d'une eau grise
Quand l'ange de ta nuit viendra clore le port
Et qu'il perdra dans l'eau immobile du port
Les dernières lueurs dans l'aile morte prises?

Oh, souffre seulement de ma dure parole
Et pour toi je vaincrai le sommeil et la mort,
Pour toi j'appellerai dans l'arbre qui se brise
La flamme qui sera le navire et le port.

Pour toi j'élèverai le feu sans lieu ni heure,
Un vent cherchant le feu, les cimes du bois mort,
L'horizon d'une voix où les étoiles tombent
Et la lune mêlée au désordre des morts.

V)

The wind drops, lord of the oldest lament,
Will I be the last to take up arms for the dead?
How soon the fire falls into memory and ash,
The sound of a folded wing, the sound of a dead face.

Will you consent to love only the gray sea's iron
When the angel of your night comes to close the port
And loses to the moveless water of the port
The last glimmer caught in the dead wing?

Oh, only suffer from my harsh words
And for you I will overcome sleep and death,
For you I will summon to the falling tree
The flame that will be both ship and port,

I will raise up the fire of no place or time,
The fire-seeking wind, the crest of the dead wood,
The horizon of a voice where the stars go down
And the moon stained with the disorder of the dead.

Le Bruit des Voix

Le bruit des voix s'est tu, qui te désignait.
Tu es seul dans l'enclos des barques obscures.
Marches-tu sur ce sol qui bouge, mais tu as
Un autre chant que cette eau grise dans ton cœur,

Un autre espoir que ce départ que l'on assure,
Ces pas mornes, ce feu qui chancelle à l'avant.
Tu n'aimes pas le fleuve aux simples eaux terrestres
Et son chemin de lune où se calme le vent.

Plutôt, dis-tu, plutôt sur de plus mortes rives,
Des palais que je fus le haut délabrement,
Tu n'aimes que la nuit en tant que nuit, qui porte
La torche, ton destin, de tout renoncement.

THE SOUND OF VOICES

The voices that marked you out fall silent.
You are alone in the enclosure with its dark boats.
While you walk over this shifting ground, you have
A different song than this gray water in your heart,

A different hope than the departure over there,
The cheerless steps, the fire flickering at the bow.
You have no love for the river with its simple earthly waters,
Its path under the moon where the wind is stilled.

Better, you say, on shores more dead than these,
The high dilapidation of the palaces I was.
You love only the night as night, which bears
The torch, your destiny, of all renunciation.

I)

L'oiseau qui s'est dépris d'être Phénix
Demeure seul dans l'arbre pour mourir.
Il s'est enveloppé de la nuit de blessure,
Il ne sent pas l'épée qui pénètre son cœur.

Comme l'huile a vieilli et noirci dans les lampes,
Comme tant de chemins que nous étions, perdus,
Il fait un lent retour à la matière d'arbre.

Il sera bien un jour,
Il saura bien un jour être la bête morte,
L'absence au col tranché que dévore le sang.

Il tombera dans l'herbe, ayant trouvé
Dans l'herbe le profond de toute vérité,
Le goût du sang battra de vagues son rivage.

THE SHORE OF ANOTHER DEATH

I)

The bird that has given up being Phoenix
Stays in the tree alone waiting to die.
It has wrapped itself in the night of its wound
And does not feel the sword piercing its heart.

Like oil aged and darkened in the lamps,
Like the many paths we were, all lost,
It slowly returns to the matter of the tree.

One day it will be dead, one day
It will know how to be
A beheaded absence devoured by blood.

It will fall to the grass, having found
In grass the bottom of every truth,
The taste of blood will beat in waves on its shore.

I I)

L'oiseau se défera par misère profonde,
Qu'était-il que la voix qui ne veut pas mentir,
Il sera par orgueil et native tendance
A n'être que néant, le chant des morts.

Il vieillira. Pays aux formes nues et dures
Sera l'autre versant de cette voix.
Ainsi noircit au vent des sables de l'usure
La barque retirée où le flot ne va pas.

Il se taira. La mort est moins grave. Il fera
Dans l'inutilité d'être les quelques pas
De l'ombre dont le fer a déchiré les ailes.

Il saura bien mourir dans la grave lumière
Et ce sera parler au nom d'une lumière
Plus heureuse, établie dans l'autre monde obscur.

I I)

The bird will break apart out of deep want,
What was it but the voice that would not lie,
Pride and an inborn bent will induce it
To be pure nothingness, the pure song of the dead.

It will grow old. A land of bare, hard forms
Will be the other side of this singing voice.
So a barge drawn out of reach of the tide
Is blackened by the wearing of wind and sand.

It will fall silent. Death is less. It will take
Those few steps in the uselessness of being
Of shadows whose wings have been slashed by iron.

It will die, at last, in the primeval light
And this will be the voice of another light,
One that is joy, in its other dark world.

III)

Le sable est au début comme il sera
L'horrible fin sous la poussée de ce vent froid.
Où est le bout, dis-tu, de tant d'étoiles,
Pourquoi avançons-nous dans ce lieu froid?

Et pourquoi disons-nous d'aussi vaines paroles,
Allant et comme si la nuit n'existait pas?
Mieux vaut marcher plus près de la ligne d'écume
Et nous aventurer au seuil d'un autre froid.

Nous venions de toujours. De hâtives lumières
Portaient au loin pour nous la majesté du froid
—Peu à peu grandissait la côte longtemps vue
Et dite par des mots que nous ne savions pas.

I I I)

Sand is the beginning as it will be
The horrible end under the thrust of this cold wind.
Where is the last, you say, of all these stars,
Why are we still going into this cold place?

And why do we keep saying such empty things,
Going on, as if the night did not exist?
Better to step closer to the edge of the surf
And risk another shore in the cold of night.

We were on the way forever. Precocious lights
Carried the cold's majesty far ahead for us—
Slowly the coast loomed up, which we had seen
Long back and whose names we did not know.

A San Francesco, le Soir

. . . Ainsi le sol était de marbre dans la salle
Obscure, où te mena l'inguérissable espoir.
On eût dit d'une eau calme où de doubles lumières
Portaient au loin les voix des cierges et du soir.

Et pourtant nul vaisseau n'y demandait rivage,
Nul pas n'y troublait plus la quiétude de l'eau.
Ainsi, te dis-je, ainsi de nos autres mirages,
O fastes dans nos cœurs, ô durables flambeaux!

EVENING, SAN FRANCESCO

. . . And the floor, too, was marble in the dark nave
To which undying hope had guided you.
Calm water, as it seemed, where reflected lights
Carried off the voices of candles and evening.

Yet no ship seemed to seek landing there,
No step now troubled the water's stillness.
It is the same, I tell you, with all our dreams,
These revels of our hearts, these perdurable torches!

Le Bel Été

Le feu hantait nos jours et les accomplissait,
Son fer blessait le temps à chaque aube plus grise,
Le vent heurtait la mort sur le toit de nos chambres,
Le froid ne cessait pas d'environner nos cœurs.

Ce fut un bel été, fade, brisant et sombre,
Tu aimas la douceur de la pluie en été
Et tu aimas la mort qui dominait l'été
Du pavillon tremblant de ses ailes de cendre.

Cette année-là, tu vins à presque distinguer
Un signe toujours noir devant tes yeux porté
Par les pierres, les vents, les eaux et les feuillages.

Ainsi le soc déjà mordait la terre meuble
Et ton orgueil aima cette lumière neuve,
L'ivresse d'avoir peur sur la terre d'été.

THE BEAUTIFUL SUMMER

Fire haunted our days and ripened them,
Its blade wounded time with each grayer dawn,
The wind clashed with death on the roof we slept under,
The cold closed more and more tightly round our hearts.

It was a beautiful summer, dark and tepid,
You loved the softness of the summer rain
And you loved death that looked down on the summer
From the trembling pavilion of its ashen wings.

That year you were almost able to decipher
The sign that is always brought before you
By the stones, the winds, the waters and the leaves.

And the plow was also biting the loose soil
Already, and your pride loved this new light,
The elation of being afraid on the summer earth.

Souvent dans le silence d'un ravin
J'entends (ou je désire entendre, je ne sais)
Un corps tomber parmi des branches. Longue et lente
Est cette chute aveugle; que nul cri
Ne vient jamais interrompre ou finir.

Je pense alors aux processions de la lumière
Dans le pays sans naître ni mourir.

Often, in the silence of a narrow chasm,
I hear (or wish to hear, I don't know)
A body falling through the branches. Long and slow
Is this blind fall; no cry
Ever comes to break or end it.

I think then of the processions of light
In the land without birth or dying.

A une Pauvreté

Tu sauras qu'il te tient dans l'âtre qui s'achève,
Tu sauras qu'il te parle, et remuant
Les cendres de ton corps avec le froid de l'aube,
Tu sauras qu'il est seul et ne s'apaise pas.

Lui qui a tant détruit; qui ne sait plus
Distinguer son néant de son silence,
Il te voit, aube dure, en ténèbre venir
Et longuement brûler sur le désert des tables.

TO POVERTY

You will know he keeps you in the dying hearth,
You will know he is speaking to you, stirring
The ashes of your body in the chill of dawn,
You will know he is alone and unappeased.

He who has destroyed so much, who no longer
Can tell his nothingness from his silence,
Sees you, harsh dawn, come in darkness
And burn long over the desert of the tables.

THE MORTAL FACE

(Le Visage Mortel)

Le jour se penche sur le fleuve du passé,
Il cherche à ressaisir
Les armes tôt perdues,
Les joyaux de la mort enfantine profonde.

Il n'ose pas savoir
S'il est vraiment le jour
Et s'il a droit d'aimer cette parole d'aube
Qui a troué pour lui la muraille du jour.

Une torche est portée dans le jour gris.
Le feu déchire le jour.
Il y a que la transparence de la flamme
Amèrement nie le jour.

Today's day bends over the stream of the past,
It tries to take back
The long-lost weapons,
The jewels of a deep, of a childlike death.

It does not dare to know
If it truly is day
And if it may rightly love these words of dawn
That for its sake have breached the wall of day.

A torch is carried on into the gray light.
The morning is torn by its fire.
So it is that the transparence of the flame
Bitterly denies the light of day.

Il y a que la lampe brûlait bas,
Qu'elle penchait vers toi sa face grise,
Qu'elle tremblait, dans l'espace des arbres,
Comme un oiseau blessé chargé de mort.
—L'huile brisant aux ports de la mer cendreuse
Va-t-elle s'empourprer d'un dernier jour,
Le navire qui veut l'écume puis la rive
Paraîtra-t-il enfin sous l'étoile du jour?

Ici la pierre est seule et d'âme vaste et grise
Et toi tu as marché sans que vienne le jour.

The lamp was burning dimly, then,
It leaned its gray face towards you,
It trembled, in the space of the trees,
Like a wounded bird weighed down with death.
—Will the oil surging at the ports of the ashen sea
Turn crimson in the light of one final day,
Will the ship that comes through the foam to shore
Appear at last under the morning star?

Here there is only stone with its vast, gray soul
And you have walked on and on but day has not come.

Le Pont de Fer

Il y a sans doute toujours au bout d'une longue rue
Où je marchais enfant une mare d'huile,
Un rectangle de lourde mort sous le ciel noir.

Depuis la poésie
A séparé ses eaux des autres eaux,
Nulle beauté nulle couleur ne la retiennent,
Elle s'angoisse pour du fer et de la nuit.

Elle nourrit
Un long chagrin de rive morte, un pont de fer
Jeté vers l'autre rive encore plus nocturne
Est sa seule mémoire et son seul vrai amour.

THE IRON BRIDGE

Surely at the end of a long street
Where I walked as a child there is still a pool of oil,
A square of heavy death under a black sky.

Since then, poetry
Has separated its waters from other waters,
No beauty or color can hold it,
It suffers because of iron and night.

It nurses
A dead shore's long grief, an iron bridge
Thrown towards the other, still darker shore
Is its only memory, its only real love.

Les Guetteurs

I)

Il y avait un couloir au fond du jardin,
Je rêvais que j'allais dans ce couloir,
La mort venait avec ses fleurs hautes flétries,
Je rêvais que je lui prenais ce bouquet noir.

Il y avait une étagère dans ma chambre,
J'entrais au soir,
Et je voyais deux femmes racornies
Crier debout sur le bois peint de noir.

Il y avait un escalier, et je rêvais
Qu'au milieu de la nuit un chien hurlait
Dans cet espace de nul chien, et je voyais
Un horrible chien blanc sortir de l'ombre.

THE WATCHERS

I)

There was a pathway at the end of the garden,
I dreamed I was walking down that pathway,
Death came with her tall withered flowers,
I dreamed she handed me the black garland.

There was a bookcase in my room,
I went in at evening
And saw two wrinkled women standing
On the black painted wood, screaming.

There was a stairway, and I dreamed
That a dog was howling at midnight
In that place where no dog was, and I saw
A horrible white dog step from the gloom.

I I)

J'attendais, j'avais peur, je la guettais,
Peut-être enfin une porte s'ouvrait
(Ainsi parfois dans la salle durait
Dans le plein jour une lampe allumée,
Je n'ai jamais aimé que cette rive).

Était-elle la mort, elle ressemblait
A un port vaste et vide, et je savais
Que dans ses yeux avides le passé
Et l'avenir toujours se détruiraient
Comme le sable et la mer sur la rive,

Et qu'en elle pourtant j'établirais
Le lieu triste d'un chant que je portais
Comme l'ombre et la boue dont je faisais
Des images d'absence quand venait
L'eau effacer l'amertume des rives.

II)

I waited, I watched for her, I was afraid,
Maybe at last a door opened
(So a lamp sometimes goes on burning
In a room long after daybreak,
I have never loved anything but this shore).

Though she was death, she was like
A wide empty harbor, and I knew
That in her hungry eyes the past
And future would keep destroying each other
Like sand and sea on the shore,

And that in her nevertheless I would set
The sad place of a song I bore
Like the darkness and mud from which I made
Images of absence when the tide came
To wash the bitterness from the shores.

La Beauté

Celle qui ruine l'être, la beauté,
Sera suppliciée, mise à la roue,
Déshonorée, dite coupable, faite sang
Et cri, et nuit, de toute joie dépossédée
—O déchirée sur toutes grilles d'avant l'aube,
O piétinée sur toute route et traversée,
Notre haut désespoir sera que tu vives,
Notre cœur que tu souffres, notre voix
De t'humilier parmi tes larmes, de te dire
La menteuse, la pourvoyeuse du ciel noir,
Notre désir pourtant étant ton corps infirme,
Notre pitié ce cœur menant à toute boue.

BEAUTY

She who lays waste to being, beauty,
Will be tortured, broken on the wheel,
Dishonored, found guilty, made blood
And cry, and night, stripped of all joy—
O torn on all iron gates before dawn,
Trampled on every road and crossing,
Our high despair will be that you live,
Our heart that you suffer, our voice
To humble you in your tears, to call you
Liar, the black sky's procuress, even though
Our longing is for your crippled body,
Our pity, this heart leading to all mire.

L'ordalie

I)

J'étais celui qui marche par souci
D'une eau dernière trouble. Il faisait beau
Dans l'été le plus clair. Il faisait nuit
De toujours et sans borne et pour toujours.

Dans la glaise des mers
Le chrysanthème de l'écume et c'était toujours
La même odeur terreuse et fade de novembre
Quand je foulais le noir jardin des morts.

Il y avait
Qu'une voix demandait d'être crue, et toujours
Elle se retournait contre soi et toujours
Faisait de se tarir sa grandeur et sa preuve.

TRIAL BY ORDEAL

I)

I was the one who walks out of care
For a final troubled water. The day
Was beautiful, brightest summer. It was night
Always, without end, and forever.

In the clay of the seas
The foam's chrysanthemum, and there was always
The same stale earthy smell of November
When I trod the black garden of the dead.

There was
A voice that called for belief, and always
Turned against itself and always
Made of its own fading its grandeur, its proof.

I I)

Je ne sais pas si je suis vainqueur. Mais j'ai saisi
D'un grand cœur l'arme enclose dans la pierre.
J'ai parlé dans la nuit de l'arme, j'ai risqué
Le sens et au delà du sens le monde froid.

Un instant tout manqua,
Le fer rouge de l'être ne troua plus
La grisaille du verbe,
Mais enfin le feu se leva,
Le plus violent navire
Entra au port.

Aube d'un second jour,
Je suis enfin venu dans ta maison brûlante
Et j'ai rompu ce pain où l'eau lointaine coule.

I I)

I don't know if I am the victor. But I've seized
With a high heart the sword buried in the stone.
I've spoken in the night of the sword, I've risked
Meaning and the cold world beyond meaning.

For a moment all failed,
The red blade of being no longer pierced
The dull gray of the Word,
But at last the fire blazed,
The most violent ship
Made port.

Dawn of a second day,
I've come at last into your burning house
And broken this bread where the far water flows.

L'Imperfection Est la Cime

Il y avait qu'il fallait détruire et détruire et détruire,
Il y avait que le salut n'est qu'à ce prix.

Ruiner la face nue qui monte dans le marbre,
Marteler toute forme toute beauté.

Aimer la perfection parce qu'elle est le seuil,
Mais la nier sitôt connue, l'oublier morte,

L'imperfection est la cime.

IMPERFECTION IS THE SUMMIT

So one had to destroy and destroy and destroy,
There was salvation only at that price.

To ruin the naked face that rises in marble,
To hammer down every form and beauty.

To love perfection because it is the threshold,
But deny it, once known, and forget it, dead.

Imperfection is the summit.

L'orante est seule dans la salle basse très peu claire,
Sa robe a la couleur de l'attente des morts,
Et c'est le bleu le plus éteint qui soit au monde,
Écaillé, découvrant l'ocre des pierres nues.
L'enfance est seule, et ceux qui viennent sont obscurs,
Ils se penchent avec des lampes sur son corps.
Oh, dors-tu? Ta présence inapaisable brûle
Comme une âme, en ces mots que je t'apporte encor.

Tu es seule, tu as vieilli dans cette chambre,
Tu vaques aux travaux du temps et de la mort.
Vois pourtant, il suffit qu'une voix basse tremble
Pour que l'aube ruisselle aux vitres reparues.

VENERANDA

The orant is alone in the low, dim room,
Her dress is the color of the waiting dead,
Which is the most faded blue in the world,
Flaked away, revealing the ochre of bare stones.
Childhood is alone, and those who come are obscure,
With their lamps they bend down over her body.
Oh, are you sleeping? Your feverish presence burns
Like a soul, in these words I still bring for you.

You are alone, you have grown old in this room,
You tend to the duties of time and death,
But only let a soft voice tremble: and see
How dawn streams through the windows again.

Une Voix

J'entretenais un feu dans la nuit la plus simple,
J'usais selon le feu de mots désormais purs,
Je veillais, Parque claire et d'une Parque sombre
La fille moins anxieuse au rivage des murs.

J'avais un peu de temps pour comprendre et pour être,
J'étais l'ombre, j'aimais de garder le logis,
Et j'attendais, j'étais la patience des salles,
Je savais que le feu ne brûlait pas en vain . . .

A VOICE

I tended a fire in the simplest night,
My words were pure, by now, because of the fire,
I kept watch, a bright Fate, less troubled daughter
Of a dark-minded Fate, this shadow on the walls.

I had a little time to understand and to be,
I was the shade, I loved keeping to the house,
And I waited, I was the patience of the rooms,
I knew that the fire was not burning in vain. . . .

I)

Il vient, il est le geste d'une statue,
Il parle, son empire est chez les morts,
Il est géant, il participe de la pierre,
Elle-même le ciel de colère des morts.

Il saisit. Il attire et tient sur son visage,
Lampe qui brûlera dans le pays des morts,
L'infime corps criant et ployé de l'orante,
Il le protège de l'angoisse et de la mort.

VENERANDA

I)

He comes, he is the gesture of a statue,
He speaks, his empire is among the dead,
He is gigantic, he partakes of stone,
Itself the vehement sky of the dead.

He takes. He lifts and holds up to his face,
Lamp that will burn in the land of the dead,
The orant's absent body, bent over its cry,
He shields it from anguish and from death.

I I)

Il se penche. Désert selon quelque autre cendre
Que soient tes mains guidant l'impatience du feu.
Il forme de tes mains la salle aux vitres d'ombre
Où se déchirera la rosace du feu.

Il se penche sur toi. Et grave dans l'effort
Étant sa face grise adorante du feu,
Il touche de son sang les dents de la pleureuse,
Froides, larges, ouvertes aux violences du feu.

I I)

He bends down. May your hands, too, be ash
When they consent to guide the impatient fire.
He shapes your hands into a room whose dark windows
Will be the last embers of a rose of fire.

He bends down over you. Dark, strained
Is his face, is its gray worshipping of fire,
And his blood now touches the orant's teeth,
Cold, large, open to the havoc of fire.

I I I)

Il vient, et c'est vieillir. Parce qu'il te regarde,
Il regarde sa mort qui se déclare en toi.
Il aime que ce bien que tu es le menace,
Regarde-le dormir sous tes grands arbres froids.

Il a confiance, il dort. Arbre de peu d'alarme
Soit ton désir anxieux de ne l'éveiller pas.
—Arbre où pourtant d'un bond se fait déjà la flamme,
Table où le don saisit, comble, consumera.

I I I)

He comes, and age comes. Because he looks at you
He looks at his own death in you declared.
He is glad to be threatened by the good you are,
See how he sleeps under your tall cold trees.

He is confident, he sleeps. May your anxious wish
Not to waken him be a tree of no alarm.
—A tree where nonetheless the flame already leaps,
A table where your gift both unites and burns.

Ortie, ô proue de ce rivage où il se brise,
O debout glacée dans le vent,
Fais-moi le signe de présence, ô ma servante
En robe noire écaillée.

O pierre grise,
S'il est vrai que tu aies la couleur du sang,
Émeus-toi de ce sang qui te traverse,
Ouvre-moi le port de ton cri,

Qu'en toi je vienne vers lui
Qui fait semblant de dormir
La tête close sur toi.

A VOICE

Nettle, O prow of this shore where he breaks,
You who stand shivering in the cold wind,
Make me the sign of presence, O my maidservant
In your black flaked dress.

O gray stone,
If it's true that you have the color of blood,
Be stirred by this blood that moves through you,
Open the haven of your cry for me,

That by your roads I may come
Towards the one who feigns sleep,
His stony head so close to you.

Veneranda

Il se sépare d'elle, il est une autre terre,
Rien ne réunira ces globes étrangers
Et même pas ce feu qui imite dans l'âtre
Le feu plus grand qui luit sur les mondes déserts.

Comme il importe peu qu'un homme ait eu passage
Dans le rêve, ou rompu les plus antiques fers!
Longue fut cette nuit. Et tant d'années
Auront tourné sur le jardin sombre des mers.

VENERANDA

He separates from her, he is another earth,
Nothing will reunite these foreign spheres,
Not even this fire in the hearth which mimics
The greater fire shining on the empty worlds.

How little it matters that a man has found passage
In dreams, or broken the most ancient chains.
Long was the night. So many years have been rising
And falling over this dark garden of the seas.

Toute la nuit la bête a bougé dans la salle,
Qu'est-ce que ce chemin qui ne veut pas finir,
Toute la nuit la barque a cherché le rivage,
Qu'est-ce que ces absents qui veulent revenir,
Toute la nuit l'épée a connu la blessure,
Qu'est-ce que ce tourment qui ne sait rien saisir,
Toute la nuit la bête a gémi dans la salle,
Ensanglanté, nié la lumière des salles,
Qu'est-ce que cette mort qui ne va rien guérir?

ALL NIGHT

All night the beast has moved about the room,
What is this path that does not want to end?
All night the boat has sought the shore,
Who are these absent ones hoping to return?
All night the sword has known the wound,
What is this pain that can grasp nothing?
All night the beast has moaned in the room,
Has bloodied, has denied the light of rooms,
What is this death that will heal nothing?

Tu te coucheras sur la terre simple,
De qui tenais-tu qu'elle t'appartînt?

Du ciel inchangé l'errante lumière
Recommencera l'éternel matin.

Tu croiras renaître aux heures profondes
Du feu renoncé, du feu mal éteint.

Mais l'ange viendra de ses mains de cendre
Étouffer l'ardeur qui n'a pas de fin.

You will lie down on the simple earth,
Who ever told you it was yours?

The wandering light of the unchanged sky
Will again begin the eternal morning.

You will think to find new life in the infant hours
Of the renounced, of the still-smoldering fire.

But the angel will come with his ashen hands
To smother the ardor that has no end.

La Mémoire

Il y a que les doigts s'étaient crispés,
Ils tenaient lieu de mémoire,
Il a fallu desceller les tristes forces gardiennes
Pour jeter l'arbre et la mer.

MEMORY

The fact was that the fingers were clenched.
They had taken the place of memory.
The sad guardian forces had to be loosened
To let the tree and the ocean go.

THE SONG OF SAFEGUARD

(Le Chant de Sauvegarde)

Que l'oiseau se déchire en sables, disais-tu,
Qu'il soit, haut dans son ciel de l'aube, notre rive.
Mais lui, le naufragé de la voûte chantante,
Pleurant déjà tombait dans l'argile des morts.

Let the bird be torn to sand, you said,
Let him, high in his dawn sky, be our shore.
But he, shipwrecked from the singing heavens,
Already fell, weeping, into this clay, the dead.

L'oiseau m'a appelé, je suis venu,
J'ai accepté de vivre dans la salle
Mauvaise, j'ai redit qu'elle était désirable,
J'ai cédé au bruit mort qui remuait en moi.

Puis j'ai lutté, j'ai fait que des mots qui m'obsèdent
Paraissent en clarté sur la vitre où j'eus froid.
L'oiseau chantait toujours de voix noire et cruelle,
J'ai détesté la nuit une seconde fois,

Et j'ai vieilli, passion désormais, âpre veille,
J'ai fait naître un silence où je me suis perdu.
—Plus tard j'ai entendu l'autre chant, qui s'éveille
Au fond morne du chant de l'oiseau qui s'est tu.

The bird called me, and so I came,
I agreed to live in this evil place,
Once again I said I wanted it,
I yielded to the dead sound stirring within me.

Then I fought, I made the words that obsessed me
Burn in the window through the cold.
The bird kept singing in his black, cruel voice,
I detested the night a second time.

And I grew old, passion, bitter vigil,
I brought in a silence where I am lost now.
—Later I heard the other song, which awakens
In the bleak depths of the silent bird's song.

Le Feuillage Éclairé

I)

Dis-tu qu'il se tenait sur l'autre rive,
Dis-tu qu'il te guettait à la fin du jour?

L'oiseau dans l'arbre de silence avait saisi
De son chant vaste et simple et avide nos cœurs,
Il conduisait
Toutes voix dans la nuit où les voix se perdent
Avec leurs mots réels,
Avec le mouvement des mots dans le feuillage
Pour appeler encor, pour aimer vainement
Tout ce qui est perdu,
Le haut vaisseau chargé de douleur entraînait
Toute ironie loin de notre rivage,
Il était l'ange de quitter la terre d'âtres et de lampes
Et de céder au goût d'écume de la nuit.

LEAVES AND LIGHT

I)

You say he waited on the other shore,
He watched for you at the close of day?

The bird in the tree of silence had caught
Our hearts in his broad, simple, eager song.
He led all voices
Into the night where voices are lost
With their real words,
With the impulse of words among the leaves
Still to call, still vainly to love
All that is lost,
The tall ship laden with sorrow took
All irony far from our shore—
Angel of leaving this land of hearths and lamps,
Of yielding to the salt taste of the night.

I I)

La voix était d'ironie pure dans les arbres,
De distance, de mort,
De descellement d'aubes loin de nous

Dans un lieu refusé. Et notre port
Était de glaise noire. Nul vaisseau
N'y avait jamais fait le signe de lumière,
Tout commençait avec ce chant d'aube cruelle,
Un espoir qui délivre, une pauvreté.

C'était comme en labour de terre difficile
L'instant nu, déchiré
Où l'on sent que le fer trouve le cœur de l'ombre
Et invente la mort sous un ciel qui change.

I I)

The voice was of pure irony in the trees,
Of distance, of death,
Of the unloosening of dawns far away from us

In a forbidden place. And our harbor
Was all black clay. No ship
Had ever shown a sign of light there,
Everything began with this song of the cruel dawn,
A liberating hope, a poverty.

It was a naked moment, torn, as when
Working difficult soil
One feels the blade sink into the earth's dark heart
And invents death under the changing sky.

III)

Mais dans les arbres,
Dans la flamme des fruits à peine aperçue,
L'épée du rouge et du bleu
Durement maintenait la première blessure,
La soufferte puis l'oubliée quand vint la nuit.

L'ange de vivre ici, le tard venu,
Se déchirait comme une robe dans les arbres,
Ses jambes de feuillage sous les lampes
Paraissaient, par matière et mouvement et nuit.

I I I)

But in the trees,
Among the flames of the half-hidden fruit,
The red and blue sword
Cruelly kept the primal wound open,
The first suffered, forgotten with the night.

The angel of living here, arriving late,
Was torn like a dress in the trees,
His limbs of leaves shone under the lamps
Thanks to matter, thanks to motion and night.

I V)

Il est la terre, elle l'obscure, où tu dois vivre,
Tu ne dénieras pas les pierres du séjour,
Ton ombre doit s'étendre auprès d'ombres mortelles
Sur les dalles où vient et ne vient pas le jour.

Il est la terre d'aube. Où une ombre essentielle
Voile toute lumière et toute vérité.
Mais même en lieu d'exil on a aimé la terre,
Tant il est vrai que rien ne peut vaincre l'amour.

I V)

He is the earth, the dark earth, your dwelling,
And you must not deny this place of stones,
Your shadow will lie down beside mortal shadows
On pavements touched or untouched by the light.

He is the land of dawn. Where an essential darkness
Veils every light as well as every truth.
But even an exile can love his place on earth,
So true is it that nothing conquers love.

L'infirmité du Feu

Le feu a pris, c'est là le destin des branches,
Il va toucher leur cœur de pierraille et de froid,
Lui qui venait au port de toute chose née,
Aux rives de matière il se reposera.

Il brûlera. Mais tu le sais, en pure perte,
L'espace d'un sol nu sous le feu paraîtra,
L'étoile d'un sol noir sous le feu s'étendra,
L'étoile de la mort éclairera nos routes.

Il vieillira. Le gué où buissonnent les ombres
N'aura étincelé qu'une heure, sous son pas.
L'Idée aussi franchit la matière qu'elle use
Et renonce à ce temps qu'elle ne sauve pas.

FIRE'S INFIRMITY

The fire has caught, that is the destiny of branches,
It reaches for their heart of cold, of broken stones,
Even though it was light in all things born,
On their shores of matter it will find its rest.

It will burn. But as you know, in pure loss,
Under the fire a spot of bare ground will show,
Under the fire a star of black ground will spread,
The star of death will light the way for us.

It will grow old. The ford where shadows throng
Has glistened but a while at its crossing over.
The Idea also tears free from matter
And renounces time, which it cannot save.

Tu entendras
Enfin ce cri d'oiseau, comme une épée
Au loin, sur la paroi de la montagne,
Et tu sauras qu'un signe fut gravé
Sur la garde, au point d'espérance et de lumière.
Tu paraîtras
Sur le parvis du cri de l'oiseau chancelant,
C'est ici que prend fin l'attente, comprends-tu,
Ici dans l'herbe ancienne tu verras
Briller le glaive nu qu'il te faut saisir.

You will hear
This bird's cry at last, like a sword
Far away, on the mountain wall,
And you will know that a sign was carved
On the hilt, at the place that is hope and light.
You will appear
Here, in the space of the faltering cry,
Here waiting ends, you understand,
Here in the ageless grass you will see
The gleam of the bare blade that you must grasp.

A la Voix de
Kathleen Ferrier

Toute douceur toute ironie se rassemblaient
Pour un adieu de cristal et de brume,
Les coups profonds du fer faisaient presque silence,
La lumière du glaive s'était voilée.

Je célèbre la voix mêlée de couleur grise
Qui hésite aux lointains de chant qui s'est perdu
Comme si au delà de toute forme pure
Tremblât un autre chant et le seul absolu.

O lumière et néant de la lumière, ô larmes
Souriantes plus haut que l'angoisse ou l'espoir,
O cygne, lieu réel dans l'irréelle eau sombre,
O source, quand ce fut profondément le soir!

Il semble que tu connaisses les deux rives,
L'extrême joie et l'extrême douleur.
Là-bas, parmi ces roseaux gris dans la lumière,
Il semble que tu puises de l'éternel.

TO THE VOICE OF
KATHLEEN FERRIER

All gentleness and irony came together
For a farewell of crystal and mist.
The iron's deep blows were almost silent,
The light of the blade was dimmed.

I praise a voice mingled with the color gray
Which wavers at the far reaches of the dead song
As if beyond all pure forms there were
The trembling of another song, alone absolute.

O light and the nothingness of light, O tears
Smiling higher than anguish and hope,
O swan, real place in the unreal dark water,
O well-spring, when it was deepest evening!

You seem to be acquainted with both shores,
Extreme joy and extreme sorrow.
There, among the gray reeds in the light,
You seem to draw from the eternal.

L'aube passe le seuil, le vent s'est tu,
Le feu s'est retiré dans la laure des ombres.

Terre des bouches froides, ô criant
Le plus vieux deuil par tes secrètes clues,
L'aube va refleurir sur tes yeux de sommeil,
Découvre-moi souillé ton visage d'orante.

THE LAND OF DAYBREAK

Dawn crosses the threshold, the wind dies down,
The fire has withdrawn into the laura of shadows.

O land of cold mouths, crying out
The most ancient mourning through your hidden glens,
Dawn will reflourish on your closed eyelids,
Uncover to me, now, your muddied orant's face.

Le Ravin

Il y a qu'une épée était engagée
Dans la masse de pierre.
La garde était rouillée, l'antique fer
Avait rougi le flanc de la pierre grise.
Et tu savais qu'il te fallait saisir
A deux mains tant d'absence, et arracher
A sa gangue de nuit la flamme obscure.
Des mots étaient gravés dans le sang de la pierre,
Ils disaient ce chemin, connaître puis mourir.

Entre dans le ravin d'absence, éloigne-toi,
C'est ici en pierrailles qu'est le port.
Un chant d'oiseau
Te le désignera sur la nouvelle rive.

THE RAVINE

There was, indeed, a sword embedded
In the mass of stone.
The hilt was rusted, the ancient blade
Had stained the side of the gray stone red.
And you knew that you had to grasp
So much absence with both hands, and tear
The dark flame from its gangue of night.
Words were cut in the blood of the stone,
They told of this way: know and die.

Go down into the ravine of absence, go further,
Here in the rubble is the port.
A bird's cry
Will point it out to you on the new shore.

L'éternité du Feu

Phénix parlant au feu, qui est destin
Et paysage clair jetant ses ombres,
Je suis celui que tu attends, dit-il,
Je viens me perdre en ton grave pays.

Il regarde le feu. Comment il vient,
Comment il s'établit dans l'âme obscure
Et quand l'aube paraît à des vitres, comment
Le feu se tait, et va dormir plus bas que feu.

Il le nourrit de silence. Il espère
Que chaque pli d'un silence éternel,
En se posant sur lui comme le sable,
Aggravera son immortalité.

FIRE'S ETERNITY

Phoenix speaking to fire, which is fate
And a bright landscape casting shadows,
Says, I am the one you are expecting,
I come to vanish on your joyless shores.

He watches the fire. How it appears,
How it settles in the soul's core
And when dawn shows in the windows, how
The fire grows still, and sleeps lower than fire.

He feeds it with silence. He hopes
That each fold of an eternal silence,
Sifting down on it like sand,
Will aggravate its immortality.

Tu sauras qu'un oiseau a parlé, plus haut
Que tout arbre réel, plus simplement
Que toute voix d'ici dans nos ramures,
Et tu t'efforceras de quitter le port
De ces arbres, tes cris anciens, de pierre ou cendre.

Tu marcheras,
Tes pas seront longtemps la nuit, la terre nue,

Et lui s'éloignera chantant de rive en rive.

You will know that a bird has spoken, higher
Than any real tree, more simply
Than any voice here among our branches,
And you will struggle to leave the harbor
Of these trees, your old cries, of stone or ashes.

You will walk,
For long your steps will be night, the bare earth,

The bird far ahead of you singing from shore to shore.

TO A LAND OF DAWN

(A une Terre d'Aube)

Aube, fille des larmes, rétablis
La chambre dans sa paix de chose grise
Et le cœur dans son ordre. Tant de nuit
Demandait à ce feu qu'il décline et s'achève,
Il nous faut bien veiller près du visage mort.
A peine a-t-il changé . . . Le navire des lampes
Entrera-t-il au port qu'il avait demandé,
Sur les tables d'ici la flamme faite cendre
Grandira-t-elle ailleurs dans une autre clarté?
Aube, soulève, prends le visage sans ombre,
Colore peu à peu le temps recommencé.

Dawn, child of tears, restore
The gray room to its peace among gray things
And the heart to its order. So much night
Asked of this fire that it wane and end,
We must keep our vigil by the dead face.
It has hardly changed . . . Will the ship of lamps
Reach the port it was calling for,
Will the flame turned to ash on the tables here
Rise elsewhere into a different brightness?
Dawn, lift up, hold in your hands this face,
Clearer now; color time starting again.

Une Voix

Écoute-moi revivre dans ces forêts
Sous les frondaisons de mémoire
Où je passe verte,
Sourire calciné d'anciennes plantes sur la terre,
Race charbonneuse du jour.

Écoute-moi revivre, je te conduis
Au jardin de présence,
L'abandonné au soir et que des ombres couvrent,
L'habitable pour toi dans le nouvel amour.

Hier régnant désert, j'étais feuille sauvage
Et libre de mourir,
Mais le temps mûrissait, plainte noire des combes,
La blessure de l'eau dans les pierres du jour.

A VOICE

Hear me come alive again in these forests
Under memory's branches
Where I go greenly,
Charred smile of ancient plants on the earth,
Coal from which daylight springs.

Hear me come alive again, to lead you
To the garden of presence,
Abandoned at evening, lapped in shadows,
But for you a dwelling-place in the new love.

In yesterday's empty kingdom I was
A wild leaf, free to die,
But time was deepening the valley's sorrow,
The water's wound among the stones of day.

Veneranda

Oh, quel feu dans le pain rompu, quelle aube
Pure dans les étoiles affaiblies!
Je regarde le jour venir parmi les pierres,
Tu es seule dans sa blancheur vêtue de noir.

VENERANDA

Oh, what fire in the broken bread, what pure
Dawn in the dimmed stars!
I watch day come among the stones,
You are alone in its whiteness dressed in black.

Combien d'astres auront franchi
La terre toujours niable,
Mais toi tu as gardé claire
Une antique liberté.

Es-tu végétale, tu
As de grands arbres la force
D'être ici astreinte, mais libre
Parmi les vents les plus hauts.

Et comme naître impatient
Fissure la terre sèche,
De ton regard tu dénies
Le poids des glaises d'étoiles.

How many stars will have passed
Above the always deniable earth,
And yet you have kept
An ancient freedom bright.

Though rooted in earth, you
Have that strength of great trees
To be bound here, but free
Among the highest winds.

And as impatient birth
Splits the dry ground,
Your eyes part the heavy
Layers of the clay of stars.

Apaisé maintenant, te souviens-tu
D'un temps où nous luttions à grandes armes,
Que restait-il
Dans nos cœurs qu'un désir de nous perdre, infini?

Nous n'avions pas franchi
La seule grille au soir ou sagesse de vivre
Qui est dans la grisaille et l'acanthe des morts.

Nous n'avions pas aimé
Le feu de longue nuit, l'inlassable patience
Qui fait aube pour nous de tout branchage mort.

At peace now, do you remember
How we once fought so fiercely?
What was there in our hearts
But a longing for loss, without limits?

We had not passed through
This one gate, at evening: the wisdom to live
Under the gray arches, the acanthus of the dead.

We had not loved
The long night's fire, the unwearying patience
That makes dawn for us from all dead boughs.

Le Pays Découvert

L'étoile sur le seuil. Le vent, tenu
Dans des mains immobiles.
La parole et le vent furent de longue lutte,
Et puis ce fut d'un coup ce silence du vent.

Le pays découvert n'était que pierre grise.
Très loin, très bas gisait l'éclair d'un fleuve nul.
Mais les pluies de la nuit sur la terre surprise
Ont réveillé l'ardeur que tu nommes le temps.

THE VISIBLE LAND

The star on the threshold. The wind, held
In motionless hands.
Words and the wind had long contended,
Then suddenly fell this silence of the wind.

The land now visible was all gray stone.
Far off, far down the flash of an absent river.
But the rains of night on the startled earth
Have awakened the ardor you call time.

Delphes du Second Jour

Ici l'inquiète voix consent d'aimer
La pierre simple,
Les dalles que le temps asservit et délivre,
L'olivier dont la force a goût de sèche pierre.

Le pas dans son vrai lieu. L'inquiète voix
Heureuse sous les roches du silence,
Et l'infini, l'indéfini répons
Des sonnailles, rivage ou mort. De nul effroi
Était ton gouffre clair, Delphes du second jour.

DELPHI OF THE SECOND DAY

Here the troubled voice consents to love
Simple stone.
Pavements subdued and set free by time,
The olive tree whose strength tastes of dry stone.

The step in its true place. The troubled voice
Happy below the rocks of silence,
And the infinite, indefinite response
Of sheep-bells, shore or death. No dread
In your bright abyss, Delphi of the second day.

Ici, dans le lieu clair. Ce n'est plus l'aube,
C'est déjà la journée aux dicibles désirs.
Des mirages d'un chant dans ton rêve il ne reste
Que ce scintillement de pierres à venir.

Ici, et jusqu'au soir. La rose d'ombres
Tournera sur les murs. La rose d'heures
Défleurira sans bruit. Les dalles claires
Mèneront à leur gré ces pas épris du jour.

Ici, toujours ici. Pierres sur pierres
Ont bâti le pays dit par le souvenir.
A peine si le bruit de fruits simples qui tombent
Enfièvre encore en toi le temps qui va guérir.

HERE, ALWAYS HERE

Here, in the bright place. It is dawn no more
But full day with its speakable desires.
Of the lure of a song in your dream there remains
Only this glittering of stones to come.

Here, until nightfall. The rose of shadows
Like a dial, on the walls. The rose of hours,
Silent, will lose its color. The marble floor
Will guide our steps towards the light they love.

Here, always here. Stone upon stone
Has built the place of which memory tells.
In you now the sound of simple fruit falling
Hardly troubles time as it begins to heal.

La voix de ce qui détruit
Sonne encor dans l'arbre de pierre,
Le pas risqué sur la porte
Peut encore vaincre la nuit.

D'où vient l'Œdipe qui passe?
Vois, pourtant, il a gagné.
Une sagesse immobile
Dès qu'il répond se dissipe.

Le Sphinx qui se tait demeure
Dans le sable de l'Idée.
Mais le Sphinx parle, et succombe.

Pourquoi des mots? Par confiance,
Et pour qu'un feu retraverse
La voix d'Œdipe sauvé.

The voice of what destroys
Still sounds in the tree of stone.
A step chanced on the threshold
May still conquer night.

Whence comes this passing Oedipus?
But look, he has prevailed.
A fixed wisdom scatters
At his first reply.

The silent Sphinx remains
In the sand of the Idea.
When she speaks, she succumbs.

Why words? From trust,
And that a fire again pass through
The voice of Oedipus saved.

La Même Voix, Toujours

Je suis comme le pain que tu rompras,
Comme le feu que tu feras, comme l'eau pure
Qui t'accompagnera sur la terre des morts.

Comme l'écume
Qui a mûri pour toi la lumière et le port.

Comme l'oiseau du soir, qui efface les rives,
Comme le vent du soir soudain plus brusque et froid.

THE SAME VOICE, ALWAYS

I am like the bread you will break,
Like the fire you will build, like the pure water
That will go with you through the land of the dead.

Like the foam
That has ripened the light and the port for you.

Like the bird of evening, that effaces the shores,
Like the evening wind suddenly rough and cold.

L'oiseau des Ruines

L'oiseau des ruines se dégage de la mort,
Il nidifie dans la pierre grise au soleil,
Il a franchi toute douleur, toute mémoire,
Il ne sait plus ce qu'est demain dans l'éternel.

THE BIRD OF THE RUINS

The bird of the ruins frees itself from death,
It nests in gray stone under the sun,
It has gone beyond all grief, all memory,
It knows of no tomorrow in the eternal.

DEVOTION

(Dévotion)

I)

Aux orties et aux pierres.

Aux «mathematiques sévères». Aux trains mal éclairés de chaque soir. Aux rues de neige sous l'étoile sans limite.

J'allais, je me perdais. Et les mots trouvaient mal leur voie dans le terrible silence.—Aux mots patients et sauveurs.

I I)

A la «Madone du soir». A la grande table de pierre au-dessus des rives heureuses. A des pas qui se sont unis, puis séparés.

A l'hiver oltr'Arno. A la neige et à tant de pas. A la chapelle Brancacci, quand il fait nuit.

I I I)

Aux chapelles des îles.

A Galla Placidia. Les murs étroits portant mesure dans nos ombres. A des statues dans l'herbe; et, comme moi peut-être, sans visage.

A une porte murée de briques couleur du sang sur ta façade grise, cathédrale de Valladolid. A de grands cercles de pierre. A un paso chargé de terre morte noire.

A Sainte-Marthe d'Agliè, dans le Canavese. La brique rouge et qui a vieilli prononçant la joie baroque. A un palais désert et clos parmi les arbres.

I)

To nettles and stones.

To "stern mathematics." To the dimly lit trains of each evening.
To streets of snow under the limitless star.
I kept going, I was lost. And words barely found their way in the
terrible silence. —To patient, saving words.

I I)

To the "Madonna of evening." To the great stone table above
happy shores. To steps that met, then parted.

To winter oltr'Arno. To snow and to so many steps. To the Bran-
cacci Chapel, at nightfall.

I I I)

To chapels, on islands.

To Galla Placidia. The narrow walls lending measure to our
shadows. To statues in the grass; and, like me perhaps, faceless.

To a doorway walled up with bricks the color of blood in your
gray facade, cathedral of Valladolid. To great circles of stone. To a
paso filled with dead black earth.

To Saint Martha of Agliè, in the Canavese. Red brick grown old
radiating the baroque joy. To a closed, an empty palace among
trees.

(A tous palais de ce monde, pour l'accueil qu'ils font à la nuit.)

A ma demeure à Urbin entre le nombre et la nuit.

A Saint-Yves de la Sagesse.

A Delphes où l'on peut mourir.

A la ville des cerfs-volants et des grandes maisons de verre où se reflète le ciel.

Aux peintres de l'école de Rimini. J'ai voulu être historien par angoisse de votre gloire. Je voudrais effacer l'histoire par souci de votre absolu.

I V)

Et toujours à des quais de nuit, à des pubs, à une voix disant Je suis la lampe, Je suis l'huile.

A cette voix consumée par une fièvre essentielle. Au tronc gris de l'érable. A une danse. A ces deux salles quelconques, pour le maintien des dieux parmi nous.

(To all great houses of this world, for their welcoming of the night.)

To my home in Urbino between number and night.

To Sant'Ivo della Sapienza.

To Delphi where one can die.

To the city of kites and great glass houses that mirror the sky.

To the painters of the school of Rimini. I had wished to be a historian out of anguish for your glory. I would like to abolish history out of care for your absolute.

I V)

And always to waterfronts at night, to pubs, to a voice that says *I am the lamp, I am the oil.*

To this voice consumed by an essential fever. To the gray trunk of the maple. To a dance. To these two ordinary rooms, for the maintaining of the gods among us.